나는 멜버른의 케어러

이민, 장애, 나이듦, 그리고 돌봄의 세계에서 내가 배운 것

나는 멜버른의 케어러

루아나
지음

메멘토

여는 글

삶을 가르치는 장애

어쩌다 글을 쓰게 됐을까? 아들을 낳고 엄마가 되자 내 엄마의 삶을 글로 기록하고 싶다는 강한 충동이 일었다. 그런데 아들이 돌이 되면 엄마를 자주 찾아가 인터뷰하려고 계획한 때, 엄마가 뇌경색으로 언어를 잃어버렸다. 한발 늦은 인생 계획이었다.

아들이 커 가면서 일상이 꼬이고 점점 나락으로 떨어지는 듯했다. 2년간 출산과 육아에 관한 책을 섭렵하고 낳은 아들은 전문가들이 자신 있게 제시한 육아법을 다 동원해서 키우는데도 내 뜻대로 되지 않았다. 누가 그 이유만이라도 알려 주면 살 것 같았다. 왜 내 아이는 먹고 자고 노는 게 이렇게 어렵고 다른지, 왜 이토록 예민하고 까다로운지, 내가 영혼과 육체를 통째로 갈아 넣는데 왜 아이와 내 관계가 겉도는지를 죽었다 깨어도 이해할 수 없었다. 하루하루 최선을 다하는데도 달라지지 않는다면, 분명 아이에게 이유가 있어야만 한다고 생각했다. 불운이 내 운명이라면 그 불운에 붙은 이름이라도 알고 싶었다. 그러지 않고서는 나와 아들 그리고 우리 가족의 존재 자체를 인정하며 살아갈 자신이 없었다.

아이 키우기의 고단함과 비례해서 근거를 알 수 없는 두려움, 상실감, 고독, 불안 등에 수시로 시달렸다. 아무도 내 아픔과 고통을 눈여겨보지 않고 들어 주지 못하고 위로하지 못했다. 심지어 집 근처 소아청소년과 의사는 나에게 면박을 줬다. 잘 걷고 말 잘하고 똑똑한 듯한 아이를 보고는 나를 타이거 맘, 예민한 엄마, 아들이 천재가 아니라서 실망한 엄마로 여겼다. 난 마음속으로만 항변했다. '당신이 내 아이랑 살아 봤어요?'

친구나 가족에게 아들 양육의 어려움을 털어놓으면 모두가 내 답답함과 고민을 한순간에 말로 소거해 버렸다. 남자아이는 부산해, 남자아이는 키우기 힘들어, 남자아이는 여자아이보다 발달이 더뎌, 애들이 다 그렇지, 크면 다 좋아져……. 멀쩡한 아이에게 장애라는 낙인을 찍고 싶어 환장한 엄마로

밖에 안 보인다는 사실을 알았다. 결국 내 양육 방식과 아들에 대한 기대가 문제라는 말인가? 정확한 이유도 모른 채 또 속으로만 울부짖었다. 결국 타인들 앞에서 입을 닫기로 했다. 그 대신 나 스스로 알아내겠다고 독하게 다짐했다.

이 무렵 운명처럼 은유 작가가 내 삶에 들어왔다. 평소 책 읽기를 좋아한 내가 『글쓰기의 최전선』이라는 책에 사로잡힌 것이다. 책의 활자 하나하나가 가슴으로 쏟아져 들어와 자리 잡았다. 말로는 못 받던 위로가 문장 속에 있었다.

"글쓰기를 한다는 일은 마음껏 슬퍼하는 일인지도 모르겠다. 그리고 슬퍼한다는 것은 온전한 내가 되는 일 같다. 나의 슬픔과 기쁨을 후련하게 말하기. 기쁨을 내밀듯이 슬픔을 꺼내놓는, 존재의 편안한 열림을 글쓰기가 돕는다는 생각이 든다. 그렇게 열어젖혀진 존재 위로 또 다른 말들과 생각들이 날아들 것이다."(269쪽)

먼저 마음껏 슬퍼하기로 했다. 내 앞에 닥친 운명이 무엇이든지 슬픔을 토해 내야 그 빈 자리로 기쁨과 즐거움이 다시 들어설 듯했다. 아들과 보내는 일상에서 느끼는 답답함과 슬픔을 말이 아닌 글로 풀어 보겠다고 생각하고 나서 어느새 글쓰기 수업에 등록한 내가 글을 쓰고 있었다. 10회 수업이 끝난 뒤 우리 가족은 호주 멜버른으로 삶의 터전을 옮겼다.

이민하고 나서는 아들이 잘 적응하며 정착하게 하는 데 심혈을 기울였다. 초등학교 1학년 말에 아들은 뇌신경이 다르게 연결된 아이*라는 진단을 받았다. 높은 불안, 틱 장애, 주의력결핍과다행동장애(ADHD) 등이 있다는 진단에 차라리 홀가분해졌다.

"축하합니다. 키우기는 어렵지만 다른 사람들은 알 수 없는 기쁨을 안겨 줄 아이를 두셨네요. 이제부터는 혼자 애쓰지 말고 전문가들과 같이 키웁시다."

몇 년간 독학해서 아들의 장애를 짐작하고 있었다. 그래도 발달 전문 소아청소년과 의사가 미소를 띠며 이렇게 말해 줬을 때 눈물이 났다. 드디어 내 어려움을 이해하는 사람을 찾았구나, 내 아이의 장애를 진단하면서 축복해 주는 의사가 있구나, 이제 공식적인 진단을 받았으니 학교에 아이의 교육에 관한 요구를 할 수 있겠구나!

내 아이를 담당 의사와 같이 키우면 남들이 경험할 수 없

---

* 신경다양성(Neurodiversity): 신경학적 차이를 정상적인 인간 다양성의 일부로 인정하자는 개념이다. 자폐, ADHD, 난독증, 투렛 증후군, 학습 장애 등과 같은 신경 발달 상태를 병리적 증상이나 결함이 아닌 개인차로 본다. 이 개념을 처음 제안한 주디 싱어(Judy Singer)는 호주의 사회학자로, 지금은 자폐성 장애로 통합된 아스퍼거증후군 진단을 받은 딸이 있으며 한 인터뷰에서 공식적 진단은 받지 않았으나 자신도 자폐인 같다고 했다.

는 멋진 일들이 펼쳐질지도 모르겠다는 생각이 드니까 마침내 불운이 희망이란 이름으로 다시 살아났다. 아들은 지능 문제가 없고, 언어 기능에 큰 이상이 없고, 신체 기능도 원만했다. 그러니 바닷가 모래밭에서 바늘 찾는 심정으로 발달 관련 원서와 강연 동영상을 닥치는 대로 공부한 나는, 아들이 장애 진단을 받기 전부터 전혀 '장애아' 같아 보이지 않는 아이들을 위해 자폐와 ADHD(주의력결핍 과잉행동장애) 진단을 도와주는 사람이 되어 있었다.

이민 생활은 장애다. 의료적 관점에서 나는 비장애인이지만, 사회적 관점에서 내 이민 생활은 장애다. 사회적 관점에서 장애를 정의하자면, 비장애인이 겪지 않을 '도전·장벽·장애물에 일상적으로 맞닥뜨리는 것'이다. 휠체어를 쓰는 장애인은 계단으로 다닐 수 없다. 청각장애 학생은 보조 기구 없이 교사의 수업을 듣기 어렵다. 고도의 기능과 지능과 재능이 있는 자폐인이라도 비자폐인과 동일한 조건과 환경에서는 면접을 통과하기 어렵다. 가령 취직되더라도 자폐인의 요구에 맞는 환경이 조성되어야 재능을 마음껏 발휘하며 직장 생활을 오래 유지할 수 있다. ADHD인 아들을 비ADHD 아이들과 같은 조건으로 교육하면 아들이 타고난 재능을 발휘하기 어렵다.

이와 비슷하게 한국어와 한국 문화가 뼛속 깊이 박힌 나는 호주에서 끊임없이 장애를 경험한다. 운전하다 가벼운 접촉 사고가 나면 영어로 처리하는 게 골치 아파서 가해자인 상대방을 너그럽게 보내기도 한다. 같은 노동조건에서 학력과 경력, 기술과 재능이 호주인보다 뛰어나도 열세에 몰린다. 내가 잘못하지 않은 상황에서도 나 자신을 옹호하기가 어렵다 보니 자존감이 내동댕이쳐지기도 한다.

자폐 당사자가 비자폐인의 비언어적 표현이나 농담, 비유 등을 이해할 수 없어서 대화 중에 길을 잃는 것처럼 이민자인 나도 영어 대화 속에서 방황한다. 이런 상황이 반복되면서 자폐인들이 번아웃을 자주 겪듯이 나도 영어의 홍수 속에서 바짝 긴장하고 있다가 집에 오면 두통이 오고 소화가 되지 않는다. 결과적으로 이민 생활이 나를 사회적 약자, 특히 장애인에게 깊은 동질감을 느끼는 사람으로 성장시켰다.

장애는 상대적이다. 장애는 장소, 환경, 인간관계에 따라 드러나기도 하고 전혀 느껴지지 않기도 한다. 호주에서 한인 식당에 가면 장애를 겪는 쪽은 나보다 오히려 현지인들이다. 또한 비영어권 출신인 나를 배려해 쉬운 표현을 쓰고 대화 속도를 조절해 주는 호주인들과 있을 때 나는 그렇지 않은 사람들과 있을 때보다 '장애'를 훨씬 덜 느낀다. 장애인 지원사인 내가 휠체어를 쓰는 고객의 집에 방문하면 낮은 싱크대 높이 때문에 허리가 너무 아픈데, 정작 고객은 아무런 불편도 느끼지 않는다.

장애는 일상적이고 보편적이다. 장애가 특별히 불운한 몇몇 사람에게만 찾아오지는 않는다는 뜻이다. 장애에 대한 이해가 낮은 탓에 장애가 얼마나 흔한지 모를 뿐이다. 의사, 교사, 가족, 아들 친구와 그들의 부모 중에서 나보다 먼저 아들의 장애를 알아챈 사람은 없다.

국가나 연구 기관에 따라 조금씩 차이가 있지만 미국 질병통제예방센터(CDC)에서 발표한 자료*에 따르면, 2022년에 미국 아동 1000명 중 32.2명, 거의 31명당 한 명이 자폐성 장애로 진단되었다. CDC의 또 다른 자료*는 3세에서 17세에 이르는 미국 아동 중 11.4퍼센트가 ADHD 진단을 받았다고 보고한다. 거칠게 말하면 30명 정원인 학급에서 서너 명의 아동이 진단 여부를 떠나 ADHD일 가능성이 있다. 한국 상황도 크게 다르지 않다. 발달장애에 관해 국내 최고 권위자로 꼽히며 진료받기까지 몇 년을 기다려야 한다는 서울대병원 소아청소년정신과의 김붕년 교수가 인터뷰*에서 국내 아동의 자폐성 장애 유병률이 37명당 한 명이라고 밝힌 2022년 기사가 있다.

자폐인이나 ADHD인이 늘어나는 데는 여러 이유가 있을 것이다. 무엇보다 자폐성 장애 진단의 범주가 넓어지고 사회적 인식과 이해가 높아져서 과거라면 자폐성 장애나 ADHD 진단을 받지 않았을 아동에 대한 진단이 많아지고, 어릴 때 진단을 놓친 당사자가 성인이 되고 나서 진단받는 경우가 늘고 있다.

내 주변에 자폐성 장애나 ADHD인데 부모가 놓친 아이나 아직도 자신이 어떤 사람인지 모르고 사는 성인 자폐·ADHD 당사자가 얼마나 많은지를 보면, 자폐성 장애 발생률이 과하지 않다는 것을 쉽게 알 수 있다. 이렇게 발생률이 높은 데도 나는, 내 자식은, 내 배우자는, 내 부모는, 내 가족은 해당하지 않기를 바란다면 순진하다고 말할 수밖에 없다. 지금 내 가족에게 자폐성 장애나 ADHD가 없다고 해서 앞으로도 없으리라 장담할 수는 없다.

아들이 주로 쓰는 언어가 점점 한국어에서 영어로 바뀌는 가운데 전문가의 개입과 교사의 협력이 더해지면서 초등학교 고학년에 접어들 무렵, 아들은 자기 자신과 학교생활에 대해 자신감을 갖게 되었다. 불안이 높았을 때는 아침마다 학교 가기 싫다며 내 진을 빼던 아이가, 마법처럼 불안이 낮아지면서 틱 증상도 저절로 사라졌다. 이때 나는 '장애인을 지원한다'는 말의 진정한 의미를 깨달았다. 그것은 장애 당사자를 바꾸는 일이 아니라, 장애인들이 저마다 지닌 독특하고 구체적인 요구에 맞게 그를 둘러싼 사람과 환경을 조율하고 바꾸는 일이다. 장애에 대한 내 이해가 탄력을 받았다. 장애가 어느 날 예고 없이 내 삶에 들어와 깊이 뿌리내렸고, 나는 이제 장애 없는 일상은 도무지 상상할 수 없다.

이렇게 장애와 더불어 살면서 몸으로 익힌 노하우를 어떻게 쓰면 좋을지 고민하던 끝에 장애인 지원사가 되기로 마음먹었다. 2022년에 자격증을 취득하고 호주에서 본격적으로 일을 시작했다.

장애는 삶을 가르친다. 아들의 장애 진단과 장애인 지원사라는 직업이 삶에 다채롭고도 밀도 높은 세상을 겹겹이 포개어 놓았다. 어쩌면 나는 죽을 때까지 비장애인의 반쪽짜리 삶만으로 세상을 잘 안다며 오만하고 교만했을지도 모른다. 장애가 나를 온전히 겸손해지는 사람으로, 말로 다 표현되지 않은 타인의 심정을 헤아릴 수 있는 사람으로 이끌었다.

배에 삽입된 튜브로 영양을 공급받으며 온몸에 수술 자국이 낙서처럼 새겨졌어도 웃음과 유머를 잃지 않는 청소년 고객을 보면서 나는 삶의 고귀함과 경이로움을 새삼 깨닫는다. 또 자기 아버지처럼 성인이 된 뒤 헌팅턴무도병에 걸린 데다 암까지 겹쳐 나이 예순에 죽음을 기다리는 고객이 "이 인생도 충만하고 아름다웠다"고 말할 때, 나는 마침내 모든 삶의 고유성과 아름다움을 이해할 수 있었다. 장애는 어떻게 살아야 하는지 일러 주는 나침반이다.

어느 날 돌아보니, 내가 끄적이는 글에 이제 아들과 겪은 어려움 대신 독특한 즐거움과 엉뚱한 웃음이 담겨 있다. 장애 세상의 말과 생각이 날아 들어온 내 삶이 다각적, 다층적으로 풍요로워진다. 아들이 어떤 아이인지를 몰라 애가 타던 순간이 있지만 아들과 함께한 날은 아름답지 않거나 소중하지 않은 날이 단 하루도 없다. 슬픈 날은 그대로 의미가 있고, 기쁜 날은 찬란하게 아름다웠다. 한때 내가 슬프고 애가 탄 건, 아들이 남달라서가 아니라 내가 비장애인 세상에 기준을 두고 살아서 장애, 특히 신경다양인에 대해 무심하고 무식했기 때문이라는 사실도 깨달았다. 태어난 대로, 마땅히 그래야 할 모습으로 열심히 살아가는 아들은 이제 내 인생에서 가장 큰 축복이자 행운이며 나는 내 아들로 태어나 준 아이에게 매일 깊은 사랑을 전한다.

이 책이 나오기까지 많은 분의 격려와 도움이 있었다.

글쓰기 스승인 은유 작가, 한국의 가족, 인터뷰에 응해 주신 분들, 수다리 책 모임 회원들, 한국의 친구들, 인생의 통찰과 혜안을 나눠 주신 멜버른의 지인들, 엉성하고 일관성 없는 글을 엮어 첫 책을 내게 도와주신 메멘토 출판사의 박숙희 편집장님, 김정민 교정자님 모두 고맙습니다.

그동안 내가 만난 그리고 앞으로 만날 장애 당사자와 그 가족 들에게 글과 말로 다 표현할 수 없는 고마움을 전합니다. 강렬한 삶으로 저를 초대하고 환대해 줘서 이 글을 시작할 수 있었습니다. 곁에 머무를 수 있어서 영광입니다.

멜버른에서
루아나

여는 글 삶을 가르치는 장애 · 5

1부 나는 멜버른의 케어러

나는 멜버른의 케어러	— 23
자발적으로 선택한 비정규직 시급제	— 30
그래도 틈은 있다	— 38
능력과 진심이 필요해	— 47
육체노동으로 번 돈	— 57
밥심으로 삽니다	— 63

Interview 01 '이까짓'이 아니라 '이토록' 의미 있는 일 — 68
요양보호사로 은퇴한 선배 C

Interview 02 "여기서는 실무 경험이 더 중요해요." — 78
돌봄 노동 예찬론자 K

2부 엄마를 돌보는 마음으로

안전, 안전 또 안전	— 91
엄마를 돌보는 마음으로	— 100
애정이 안 생겨도 미워하지 않기	— 106
5년 만에 만난 엄마	— 115
가정방문 요양사의 임종 체험	— 121
마지막 돌봄, 마지막 인사	— 129

Interview 03 "이 일이 내 직업이어야 되겠구나." — 136
20년째 간호사로 일하는 J

3부 두 종족, 두 문화

자폐라는 또 하나의 세계 — 159

두 종족, 두 문화 — 168

모드를 바꿀 시간 — 179

가면을 벗어던질 결심 — 189

아는 만큼 보이고, 아는 만큼 대처한다 — 199

"Z를 다시 소리 내 봐요." — 207

 내 아이가 자폐라는 건 상상도 못 한 일 — 214
장애인 지원사 싱글맘 L

4부 NDIS, 장애를 부탁해

NDIS, 장애를 부탁해	— 229
막무가내라도 괜찮아	— 234
내 생애 첫 장애 캠프	— 240
장애인 지원사는 만능인	— 249
장애 여성 셋이 살고 있습니다	— 258
어서 오세요, 멜버른의 공립 수영장	— 268

Interview 05	호주 장애인 복지의 산증인 **NDIS 지원 코디네이터 A**	— 275
Interview 06	장애 복지 혜택을 누리는 이민자 가정 **NDIS 서비스를 받는 장애 아동 부모 M**	— 287

닫는 글 죽음을 가르치는 고령자 돌봄 · 303
참고 자료 · 311
해제 노동과 복지, 장애와 돌봄을 다시 묻다(홍나리) · 312

일러두기

— 이 글에 등장하는 이름은 모두 가명이다.
— 자폐 커뮤니티 다수는 정체성 우선 언어(identity-first language)를 선호한다. 따라서 본문에는 사람 우선 언어(person-first language)인 '자폐가 있는 사람(person with autism)' 대신 '자폐인(autistic person)'이라는 표현을 사용하였다.
— 호주 '토박이'는 일반적으로 백인 영어 모국어 사용자를 가리킨다. '호주 선주민'은 호주 본토 원주민(Aboriginal Australians)과 토레스 해협 제도 원주민(Torres Strait Islanders)을 합쳐서 이르는 말이다.
— 참고 자료 웹사이트 주소는 본문 맨 뒤에 실었고, 해당 본문에는 *로 표시했다.

- 1부 -

나는 멜버른의 케어러

나는 멜버른의 케어러

2016년, 멜버른에 이민 와서 처음으로 작심하고 도모한 일이 책 모임 꾸리기다. 이민 초기에 너무 외로웠다. 난 책 읽기를 즐기고 수다를 아주 좋아한다. 그래서 책 모임 이름도 '수다리'로 지었다. 아주 사적인 욕구로 멜버른 책 모임, '수다리'가 탄생한 것이다. 다행히 나 같은 사람이 여럿 있었는지, 모임이 지금까지도 잘 유지되고 있다. 나와 같은 케어러로서 이미 현장에서 일하는 회원, 지칠 줄 모르는 내 '케어러 예찬'에 넘어가서 자격증을 따려고 공부하는 회원, 케어러 일자리를 찾는 회원 등 수다리에서는 나를 비롯해 케어러가 절대다수다. '수다리'가 '케어러들의 책 모임'으로 이름을 바꾸고 회원들이 저마다 진한 돌봄 노동 경험담을 털어놓아도 전혀 이상하지 않다.

어쩌다 요양보호사. 내가 이런 일을 할 줄은 꿈에도 몰랐다. 100세의 절반쯤 살아 내고 '경력 단절 여성'이라는 딱지가 붙은, 주체할 수 없을 만큼 넘치는 것 중 하나가 시간이 되어 버린 중년의 이민자 여성인 내게 허락되는 일을 찾다 보니 이 자리에 와 있다. 어이없게도 아이가 어릴 때는 가장 부족한 게 시간이라서 잠만 실컷 자도 소원이 없겠더니, 고작 초등학교 고학년이 된 아이가 성큼성큼 나에게서 독립해 자기 길을 가자 빈 시간을 고스란히 채우는 것이 과제가 되었다.

한국에서 격무에 시달리는 고등학교 영어 교사였던 내 소원은 조기 은퇴 후 놀고먹는 것이었다. 상상만으로도 설렜다. 비수기 때 저렴한 가격으로 해외여행을 한가하게 즐기고, 이른 아침에 출근할 걱정 없이 밤새 책을 읽거나 영화를 보고, 관리자나 동료 교사와 겪는 갈등에서 벗어나고, 학부모 민원 안 받고, 학생들과 실랑이 벌일 일 없는 평온한 일상이 완벽하고 아름답게 그려졌다. 나와 같은 꿈을 꾸는 동료가 많았고, 확실한 계획이 있는 사람들은 나보다 먼저 학교를 떠났다.

나는 임신, 출산, 이민, 양육으로 꼬박 10년 동안 반강제적이고 비자발적인 조기 은퇴 생활을 했다. 미련도 후회도 없지만, 조기 은퇴가 꿈에 그린 모습처럼 마냥 달콤하고 매력적이진 않았다. 처음 몇 년은 아침마다 의무적으로 출근하지 않는다는 사실만으로도 좋은 한편, 양육이라는 낯선 일 때문에 바빴다.

그러다 아이가 초등학생이 되고 나니 시간이 너무 많아졌다. 그 시간을 유용하고 재미있는 일들로 채우는 게 부담스러워지기 시작했다. 조기 은퇴든 정년퇴직이든 철저한 준비가 필요하다는 사실을 절감했다. 산해진미도 매일 먹으면 물리듯 일상이 너무 무료하고, 노는 데도 진절머리가 났다. 내가 원하는 대로 즐기기엔 남편 혼자 버는 돈이 충분하지 않은 데다 그가 번 돈을 쓰는 게 늘 조심스러웠다. 가장 큰 문제는 매번 함께 놀 친구나 지인을 찾기가 어렵다는 점이었다. 애가 여럿인 엄마는 직장이 없어도 미친 듯이 바빴고, 아이가 어린 엄마는 이민 가정의 특성상 독박 육아로 정신없었다. 아이를 학교에 보낸 엄마는 돈을 버느라 바빠서 나를 만나 줄 수가 없었다. 일하지 않으면 만나는 사람이 줄어들고, 지적 자극이 없는 단조로운 일상에서는 이야깃거리가 급격히 제한된다는 아이러니한 깨달음이 컸다.

"죽을 때까지 다시는 직장에 다니지 않을 거야."

과로에 치여 헐떡대던 내가 이민하면서 독하게 남편에게 선언했다. 그런데 이민 생활 몇 년 만에 호주와 한국의 노동 문화가 극명하게 다르다는 사실을 알게 됐다. 목숨을 담보로 과로할 수밖에 없는 한국의 노동 문화가 문제지, 노동 자체를 혐오할 필요는 없다는 자각이 있었다. 한국에서 천시하는 일을 호주에서는 인정하는 데다 임금도 한국의 몇 배라서, 내 건강 조건에 맞게 노동시간을 조정할 수 있다면 일을 안 할 이유가 없다. 호주에서는 죽을 때까지 직장에 다니지 않겠다고 남편에게 선언한 것을 바로 어제 일처럼 선명하게 기억하지만 내 발로 다시 노동의 세계에 들어가고 있었다.

2022년에 장애인 지원사 자격증을 땄다. (학교의 방학 기간에는 수업이 없는) 약 6개월 과정으로 1주일에 이틀은 오전 9시부터 오후 3시까지 교육기관에서 공부하고, 마지막 단계에는 장애인 주간 활동 센터에서 4주간 실습했다. 다행히 수강료는 정부가 지원해서 금전적 부담이 없었다. 이렇게 호주에서 찾은 내 첫 직업, 조기 은퇴 후 찾은 제2의 직업이 장애인 지원사다. 장애인 지원사로 일하면서 가정방문 요양보호사로, 요양원의 요양보호사로 영역을 넓혔다. 호주에서는 요양보호사 자격증이나 장애인 지원사 자격증 가운데 하나만 있으면 장애인 돌봄과 고령자 돌봄 두 영역에서 다 일할 수 있다.

직업으로서 장애인과 고령자 돌봄은 한마디로 남의 똥을 치워 주는 일이라고 표현한다. 오해는 금물! 그렇다고 온종일 똥만 치우는 단순한 일로 이 직업을 이해하면 곤란하다. 이 일은 전천후 만능 기술이 필요하다. 먹이고, 씻기고, 갈아입히고, 운전하고, 돌발 상황에 대응하고, 비언어 소통을 하고, 짜증과 화를 받아 내고, 정확하고 바르게 판단하기 어려워하는 고객을 곁에서 돕고, 같은 질문을 수없이 반복해도 끊임없이 대답해야 한다. 한 인간이 살면서 쌓은 모든 경험과 지혜와 노하우를 동원하는 고도의 정신적, 신체적 노동이 필요한 직업이다.

이 일을 처음 하던 때 내 평생의 경험과 지식을 싹싹 긁어모으는 심정이었다. 살면서 별 필요도 없고 도움도 안 된다고 여긴 배움과 습관과 기능이 요긴하게 쓰이고 빛을 냈다. 심지어는 내가 수시로 아프고 에너지가 쉽게 고갈되는 사람이라는 사실, ADHD 아들을 키우는 엄마라는 인생의 약점까지도 장애인이나 노인 고객을 대하는 일에서는 이점이 되었다. 특히 발달장애 아동을 키우는 엄마들의 이야기는 듣기만 해도 친밀감이 싹텄다. 어쩌다 보니 내 인생 자체가 상대의 처지를 잘 이해하고 공감을 잘하는 사람으로 나를 다듬어 준 것 같다. 그래서 케어러라는 직업이 이질감 없이 아주 자연스럽게 내 삶에 다가왔다.

내 직업 경험담을 듣던 수다리 회원이 말했다. "난 비위가 약해서 똥 치우는 일은 못 할 거 같아." 내 노동 이야기를 듣는 사람 대부분이 이렇게 반응한다. 심지어 한국에 있는 언니는 환갑이 가까운 나이인데 요양보호사 자격증을 따고도 똥 냄새가 불편하다며 음식점에서 일한다. 이들의 심정을 충분히 이해한다. 물론 나도 이 일을 시작하기 전엔 아들의 기저귀를 치운 경험밖에 없었고 남의 똥을 처리하는 일에 대한 거부감이 컸다. 신기하게도 우리 인간은 누구나 똥을 배출하면서 모두가 똥을 혐오한다. 나도 비위가 약한 사람이었고, 유별나게 깔끔 떨어 조금 재수 없는 젊은 시절을 보냈다. 세상에 똥 냄새가 역겹지 않은 사람이 있나? 나는 심지어 자식 것도 역겨워하던 사람이다.

그런데 똥은 생명이기도 하다. 장애인과 노인 돌봄 분야에서 일해 보면 똥이 얼마나 중한지를 알게 된다. 아이가 굵은 황금빛 똥을 누면 반기듯 장애인과 황혼기 어르신의 똥이 고마울 때가 있다. 지원 그룹홈(장애인이 지역사회에서 자립할 수 있도록 지원하는 소규모 공동생활 시설)에서 일하는 장애인 지원사나 요양원에서 일하는 요양보호사는 고객이 변을 보면 상태와 양을 확인하고 배변 횟수와 함께 기록해야 한다. 똥이 건강 상태를 확인하는 척도이기 때문이다.

내가 돌봄을 업으로 삼아 먹고살겠다고 마음먹은 뒤 놀랍게도 그 전까지 불가능해 보이던 일이 가능한 일이 되었다. 호주에서 장애인 지원사와 요양보호사의 시급은 상당히 매력적이다. 이 나라는 육체노동의 가치를 후려치지 않는다. 한국에 비해 육체노동의 위상이 높다. 대우를 잘하면, 특히 임금을 잘 주면 천대받던 직업의 위상이 높아진다는 사실을 호주에서 자연스럽게 깨닫는다.

자본주의 사회에서 돈의 위력은 실로 대단하다. (월급제가 드문 호주에서) 매주 또는 격주로 늘어나는 통장의 숫자가 똥에 대한 혐오를 몰아낸다. 엉덩이에 딱 달라붙은 똥을 치우며 동료 요양보호사나 어르신 고객과 똥 애기로 농담하고 웃는 경지에 이르렀다. 돌봄이라는 일이 나를 똥으로부터 해방한 셈이다.

자발적으로 선택한 비정규직 시급제

난 비정규직 시급제 돌봄 노동자다. 돌봄 분야에서 호주의 고용은 크게 정규직, 파트타임 정규직, 비정규직으로 나뉜다.

정규직 노동자는 전일제 노동자로, 법에서 정한 주당 38시간 노동을 하고 갖가지 복지 혜택을 받으며 법적으로도 보호된다. 유급 연가, 유급 병가 같은 혜택을 받는다.

파트타임 정규직은 정규직과 비정규직의 중간에 있는 개념으로 보통 주 3~4일에 20~30시간 정도 일하는데, 개인의 상황과 회사의 필요에 맞게 노동시간을 조절해 계약한다. 노동시간에 비례해서 정규직보다는 유급 연가나 유급 병가 일수가 적다. 내가 보기에는 호주에서 노동을 가장 매력적으로 빛나게 하는 제도고, 한국에 비해 과도한 노동을 원하지 않으며 여가와 노동시간의 균형을 중시하는 호주 사람들의 특성에 잘 맞는 고용 형태다.

비정규직은 본인이 원하는 요일과 노동시간만큼만 일하는 유연한 고용 형태로, 연가나 병가 같은 복지 혜택은 없다. 그 대신 시급이 가장 높다. 앞의 두 고용 형태에 비해 고용 안전성이 낮기 때문에 높은 시급으로 보상하는 것이다.

이민 직후 아들이 다니던 초등학교 교사들이 수시로 결근하는 모습에 충격을 받았는데, 알고 보니 각 학교의 결원을 보충해 줄 비정규직 교사들이 상시 대기 중이었다. 호주는 학생이건 교사건 아프면 쉬는 게 원칙이다. 요양원이나 특수학교의 특수교사나 특수교육실무사(특수실무사) 등 정규직 노동자가 병가와 연가를 눈치 안 보며 쓸 수 있는 건 나 같은 비정규직 노동자가 수시로 그 자리를 메우기 때문이다. 그러니 정규직보다 비정규직의 시급이 높은 건 어쩌면 당연하고 서로를 위한 길이기도 하다. 물론 에이전시 등 기관을 통해 일하는 비정규직 시급제 노동자도 정규직과 마찬가지로 고용기관이 임금의 11.5퍼센트(2025년 7월부터 12퍼센트)에 해당하는 퇴직연금 납입을 부담한다. 이렇게 합리적이고 이상적인 제도인데 왜 의심스러운지 모르겠다. "비정규직 시급제 노동자라서 정규직보다 시급이 높다고?"

호주의 고용 제도는 내가 직접 일을 시작하기 전까지 아무리 용을 써도 못 푸는 미적분 문제처럼 이해할 수 없었다. 이민 초기에 남편이 몇 번씩 설명해 줘도 마치 처음 들은 듯 매번 물었다. "왜?" 아직 호주의 노동시장에 진입하지 않은 한국계 이민자로서 나는 남편만이 아니라 경제활동을 하는 호주 토박이들이 영어로 설명할 때도 이 개념이 당최 이해되지 않았다. 내가 이민할 때 한국에선 정규직화 요구 투쟁, 노동 유연화 반대 투쟁이 일상적으로 일어났다. 역시 세상은 넓고 살아 보지 않으면 모르는 일투성이다. 한국 노동자들이 노동시장 유연화가 고용주의 편의에 맞는 제도라며 투쟁에 나설 때 호주에선 노동시장 유연화의 덕을 보는 사람이 있다. 바로 나부터 그렇다.

한국에서 정규직 교사의 주 5일 노동을 감당할 수 없는 불량 체력이던 내가 호주에서 비정규직 시급제로 내 체력에 맞는 노동시간을 정해, 만족스러운 임금을 받으면서 재밌게 일하고 산다. 호주에서 직접 노동시장에 들어가 보니 비정규직 시급제 노동이 상당히 매력적이다. 평일 낮 근무로 정규식이 시급 32호주달러(이하 달러)를 받을 때 비정규직의 시급은 40달러에 이른다. 요양원마다 조금씩 차이가 있지만 비정규직 요양보호사의 일요일 시급은 70달러, 국경일 시급은 90달러에 이른다. 믿든 말든 호주 노동시장의 현실이 그렇다.

돌봄 노동을 하는 사람도 저마다 선호하는 고용 형태가 다르다. 파트타임 정규직은 대체로 고령자 돌봄 분야 중 특히 요양원에서 일하는 요양보호사들이 선호한다. 고령자 돌봄 노동을 주로 맡은 여성이 아이를 키우거나 집안일을 하면서 주 5일 일하기는 부담스럽다. 그러니 파트타임 정규직으로 주 3~4일 일하면서 안정적으로 노동시간을 확보한다.

가정방문 요양사나 장애인 지원사는 비정규직이 압도적으로 많다. 부부 중 한쪽의 수입이 안정적이거나 어린아이를 돌봐야 하는 사람, 요양원 같은 시설에서 장시간 극한 노동을 하고 싶지 않은 사람은 비정규직을 선호한다. 상대적으로 시급이 높고, 아이가 학교에 있는 시간에만 일할 수 있고, 일대일 지원이라 노동강도가 상대적으로 약하고, 노동시간은 두 시간부터 여덟 시간까지 다양하다. 저마다 생활 방식에 맞춰 일을 잡기가 쉬운 것이다.

비정규직 가정방문 요양사로 일할 때 단점은 고객의 집을 찾아가야 해서 이동이 잦고, 노동시간이 들쑥날쑥하고, 동료 없이 혼자 일해야 하는 것이다. 고령자 돌봄의 특성상 (질환의 근본적 치료보다는 질환에 따른 신체적·심리적·사회적·영적 고통을 줄이면서 환자와 그 가족의 삶의 질 향상에 중점을 두는) 완화치료 중인 고객이 사망하거나 갑자기 넘어져서 병원으로 실려 가는 경우에는 예고 없이 지원이 취소되기도 한다. 그래도 낯선 타국에서 처음부터 정규직으로 일한다면 체력적으로 부담스러워서 망설였을 텐데 주당 대여섯 시간 일하는 비정규직으로 시작하니 부담이 덜했다. 노동시간을 천천히 늘려 지금은 주당 25시간에서 30시간까지 소화해 내는 노동자가 되었다. 한국에서 비정규직의 정규직화를 지지하고 노동시장 유연화를 거부하던 내가 나라를 바꾸고 보니 자발적으로 비정규직 시급제 노동을 한다. 같은 말도 국경을 넘으면 달리 읽힌다.

돌봄 노동을 하는 동료들은 저마다 상황과 취향에 따라 정규직과 비정규직을 넘나들며 일과 삶의 균형을 맞춘다. 요양원 두 곳에 적을 두고 한 곳에서는 파트타임 정규직으로, 다른 곳에서는 비정규직으로 요양보호사 일을 하는 동료도 있다. 에이전시 소속 장애인 지원사, 프리랜서 장애인 지원사, 가정방문 요양보호사, 요양원 요양보호사로 일하는 나도 문어발식 노동을 하는 셈이다. 장애인 돌봄과 노인 돌봄을 함께 하니 매너리즘에 덜 빠지고 지루하지 않다. 100세가 예사로 여겨지는 장수 시대의 진정한 N잡러가 아닌가?

호주에는 나처럼 일하는 사람이 지천이다. 여기서 프리랜서 장애인 지원사는 사업자로 등록해 에이전시를 통하지 않고 장애 고객과 직접 계약하는 장애인 지원사를 말하며, 에이전시에 주는 수수료가 없어서 내가 일하는 방식 중에서 시급이 가장 높다.

고령자를 돌보는 가정방문 요양보호사나 요양원의 요양보호사는 장애인 지원사와 하는 일이 비슷하면서도 약간 다르다. 장애 쪽은 고객의 연령층이 어린이부터 노인에 이르며 신체장애, 발달장애, 정신장애 등 장애의 종류가 다양한 데다 한 가지 장애라도 스펙트럼이 워낙 넓어서 필요한 지원의 차이가 크다.

반면에, 고령자 돌봄은 장애 복지 분야에 비해 예상을 뛰어넘는 돌봄이나 지원이 필요하진 않다. 예컨대 장애 쪽 지원은 캠프나 댄스 클럽 동행, 기술학교 재학 중인 고객의 학업 지원 등 다양한 커뮤니티 참여 활동부터 전신을 움직일 수 없는 고객의 위생 관리나 목욕 지원까지 하지만 고령자 돌봄은 대부분 돌봄 그 자체인 경우가 많다.

이곳에서 고령자 돌봄이나 장애인 지원 분야의 첫 번째 원칙은 '사람 중심'과 '개인별 요구에 맞는 개별화된 지원'이다. 돌봄과 지원이 필요한 사람은 노인이나 장애인이기에 앞서 존엄한 인격체라는 인식부터 자리 잡아야 하고, 당사자를 중심에 두고 돌봄을 고려해야 하며, 똑같이 돌봄이나 지원으로 불려도 당사자마다 원하는 유형과 방식이 다르다는 사실을 자각해야 한다는 뜻이다. 물론 원칙이 있어도 그것이 꼭 그대로 현실에서 지켜진다는 보장은 없다. 그러나 원칙 없는 돌봄보다는 덜 혼란스러운 돌봄이 제공될 확률이 높다.

호주는 이민자들이 이룬 국가라는 특성 때문에 장애인 지원사나 요양보호사에게 강력히 요구하는 자질이 있다. 바로 고객에게 문화적으로 안전한 지원과 돌봄을 제공해야 한다는 것이다. 이에 대해서는 자격증 취득을 위해 공부하는 순간부터 아주 철저하게 교육받는다. 사람 중심 돌봄, 개별화된 돌봄, 자립과 안녕을 지원하는 돌봄, 당사자나 그 가족과 원활하게 의사소통하기 위한 교육, 돌봄 제공자가 아닌 당사자에게 권한과 자율권을 주는 돌봄, 법의 테두리 안에서 윤리적인 돌봄 제공 등 호주 정부가 정한 교육 내용에서도 빠지지 않는 것이 바로 당사자에게 문화적으로 안전한 돌봄을 제공할 의무다.

그럼 문화적으로 안전한 돌봄의 바탕이 뭘까? 2017년에 결혼 평등법이 통과된 호주에서 돌봄 제공자가 성소수자 고객을 만났다면 고객의 성적 지향이나 가치관에 대해 평가하거나 비난하지 않기, 돌봄 제공자가 기독교인이고 고객이 무슬림일 때 고객이 원하는 방식으로 돌봄을 제공하기, 실내에서 신발을 신는 경우가 많은 호주지만 한국계 고객을 만난다면 고객이 불편하지 않도록 실내에서 신발을 벗고 돌봄을 제공하기 등과 같은 타 문화에 대한 배려와 문화적 다양성에 대한 감수성이다.

실제로 가정방문 요양사로서 내가 만난 100세 가까운 무슬림 할머니는 인지 기능을 거의 다 상실하고 전신을 전혀 움직이지 못해 온종일 침대에서 지내는데도 목욕 뒤에는 꼭 머리를 스카프로 감싸 드려야 한다고 돌봄 지침(장애나 고령자 돌봄 분야에서 고객 지원에 필요한 정보와 지원 방법을 상세하게 기록한 문서. 케어 플랜, 서포트 플랜이라고도 한다.)에 명시되어 있었다.

다양성을 존중하는 사회에서 돌봄 노동자로 사는 덕에 나는 타인의 취향과 문화에 아주 민감한 사람으로 거듭나는 중이다. 전 세계에 문화가 같은 나라는 없다는 사실, 한 문화 공동체에서도 똑같은 사람이 단 한 명도 없다는 더없이 자명한 사실을 현장 경험을 통해 몸과 마음에 새록새록 새긴다. 사실 다 달라서 더 좋다고 생각하지 않으면 버티기 힘든 일, 바로 호주의 돌봄 노동이다.

그래도 틈은 있다

호주에 와서 아들이 초등학교 5학년이 될 때까지 일을 안 하고 못 했다. '경단녀'가 된 데는 여러 이유가 있지만, 근면과 성실을 지고지순하게 숭배하는 한국에서 지나친 노동에 어떤 제약도 없던 시절에 인문계 고등학교 영어 교사를 하다 건강을 잃었다는 사실이 결정적이다.

내가 교직에 첫발을 디딘 2000년엔 0교시 수업과 방과 후 보충수업이 있었고, 반강제적이라는 실상과 다르게 이름이 붙은 자율 학습이 버젓이 밤 9시나 10시까지 이어졌다. 정권이 바뀔 때마다 학교가 출렁였다. 사라졌던 야간 수업이 갑자기 부활해 저녁 7시부터 수업이 재개되기도 했다. 하필 영어 교사라서, 또 하필 인문계 고등학교라서 약방의 감초처럼 빠지려야 빠질 수 없던 나는 이 수업 저 수업에 다 투입되었다. 언제나 성장 속도를 높여야 하는 한국의 노동 현장은 어디든 도긴개긴이고, 타고난 약골인 나는 도태될 수밖에 없었다. 한국의 '빨리빨리'와 '일중독' 문화는 부실한 몸을 지닌 내가 살아가는 데 가장 위험한 요소였다.

이민 와 보니 육아와 일을 병행할 만한 체력이 안 됐다. 한국의 노동 문화 탓에 이미 일에 질려 버렸고, 독박 육아에서 벗어나기 위해 비빌 언덕도 없었다. 그래도 멜버른과 순식간에 사랑에 빠졌다. 한국의 회색 고층 아파트 단지에서 미세먼지와 황사로 뿌옇고 누런 하늘을 보며 '숨 쉬다 죽을 것 같다'고 근심하던 내가, 수시로 멜버른의 청명한 공기를 단전까지 빨아들이며 목이 저리도록 파란 하늘을 올려다봤다.

그런데 나와 달리 아들은 불만에 찌들어 일그러진 얼굴이었다. 만 다섯 살이 되기 전에 가장 간단한 영어 인사 "하이(Hi)!"조차 모르는 채 부모의 결정으로 멜버른에 화분처럼 옮겨진 아들은 초기 적응에 어려움을 많이 겪었다. 한국에 있을 때는 말하기를 좋아하던 아들이 유치원에서 입을 닫았다. 반나절 동안 단 한 마디도 하지 않고 (물론 영어를 전혀 모르니 할 수 없었겠지만) 의자에 조각상처럼 앉아만 있다 돌아오기도 했다. 교사와 상의 후에 가끔은 내가 유치원에 가서 함께 앉아 있기도 했다. 그러다 초등학교에 들어간 아들에게 곧바로 틱이 생겼다. 불안과 스트레스는 아이에게도 만병의 근원이 되는구나 싶었다. 그 뒤 ADHD 진단을 받은 아들이 학교생활에 적응하도록 돕느라 정신없이 바빴다. 이민 초기, 경력 단절은 필연과 같았다.

아들의 틱은 초등 4학년 때 소리 소문도 없이 물러갔다. 아들이 안정된 후 정신을 차리고 보니 나는 돌봄 노동자가 되어 있었다. 남의 집안일을 하고 아이를 돌보는 일은 직업으로 여겨지고 이에 합당한 임금이 정해지는데, 같은 일을 내 집에서 하면 무료다. 그냥 알아서 보람을 찾고 만족을 느끼며 살아야 했다.

내가 요리, 청소, 채소 키우기 등 집안일을 사랑하고 아이 키우는 보람이 있어도 남편이 경력을 쌓으면서 몸값을 올려 이직하고 맘 맞는 동료와 사회생활을 잘도 해 나가는 걸 보면 나날이 퇴보하고 있다는 절망감이 밀려왔다. 남편의 성공은 내 자신감과 비례하지 않았다.

장애아를 키우는 엄마들 다수가 그렇듯 나도 장애 관련 일을 하고 싶었다. 출산 뒤로 장애는 남의 일이 아닌 내 일이 되었고, 자연스럽게 장애라는 렌즈로 세상을 읽어 내는 사람이 되어 있었다. 발달이 다른 아이를 키우다 보니 발달장애를 가장 잘 이해하는 사람이 엄마라는 자각도 왔다. 지금은 내가 한국을 떠날 때보다 발달장애에 대한 사회적 이해와 관심이 향상한 듯한데, 처음 호주에 발을 들여놓았을 때 한국과 다른 점에 너무 큰 충격을 받았다. 아무리 한국이 발달장애에 대한 인식과 이해가 낮던 시절이라지만, 2000년에 교직 생활을 시작한 내가 2014년에 마지막 수업을 할 때까지 공식적으로 발달장애 진단을 받거나 공개한 학생을 한 번도 지도해 보지 않았다는 사실은 내 충격을 방증한다.

모든 아이가 태어난 모습 그대로 사랑받고 인정받아야 한다고 목이 터져라 외쳐도, 다르게 태어난 아이에게 조기 진단이 중요하고 아이의 특성을 일찍 파악해서 적기에 교육하고 적절하게 개입하는 것이 중요하다고 해도, 애당초 그 아이가 누구인지조차 분간할 수 없어서 어떤 어려움과 장점이 있는지, 누구에게 어떤 도움과 지원을 받아야 할지 모른다면 무슨 소용이 있나?

아들이 내게 오기 전에는 자폐·지적장애·ADHD 같은 장애 아이를 키우는 일이 나와 무관하고, 이런 아이는 비장애인이 보기만 해도 장애 사실을 바로 알아낼 수 있으며 재수 없는 극소수의 가정에나 태어난다고 여겼다. 차라리 장애인은 관심 밖의 존재였다는 편이 맞겠다. 내가 한국에서 교직에 있을 때는 통합교육이 거의 없어서 발달장애 학생은 특수학교나 일반 학교에 섬처럼 자리 잡은 특수학급에만 머물렀다.

한편 자폐나 ADHD가 타인의 눈에 잘 띄지 않는 경우, 즉 온순해서 문제 행동이 적은 장애 아동 또는 수업을 대체로 잘 따라가거나 따라가는 듯해 보이는 장애 아동은 적절한 지원 없이 방치되기도 한다. 이런 장애 아동이 진단과 지원이라는 사회적 안전망에서 수시로 미끄러져 일반 학급에서 전혀 이해받지 못한 채로 하루하루 생존 게임을 하듯 살아가야 한다는 사실은 아들을 키우면서 마침내 이해하게 되었다. 타인의 눈에 장애가 보이지 않는다고 해서 이 아이들이 건강하고 즐거운 학교생활을 하며 타고난 잠재력을 충분히 발휘하고 있다는 뜻은 아니다. 참고로, 자폐나 ADHD 아동 가운데 또래보다 지능이 높은 경우도 종종 있다.

결국 내 교직 생활은, 특수학급에 머물던 장애 학생을 한 번도 제대로 만나지 못하거나 학급에 이미 함께하고 있던 장애 아동을 무지 탓에 제대로 이해하지 못한 시간이었다. 공식적인 진단이 없으면 장애 아동이 존재하지 않는다고 믿던 부끄러운 교사 시절을 보냈다는 사실을, 아들을 키우면서 그리고 장애인 지원사로 일하면서 깨달았다. 파란 눈의 금발 교사에게 내 아이 같은 신경다양인의 교육권을 주장하고, 자폐와 ADHD 진단을 받은 손자가 정말 사랑스럽다며 내 아들을 따뜻하게 품어 준 교장에게 찾아가 '아이를 잘 이해하는 교사가 담임이 되지 않으면 모두에게 피곤한 한 해가 될 것'이라고 할 만큼 겁 없는 엄마가 되고 나서야 비로소 장애 아동 엄마들의 살얼음판 같은 하루하루와 절박한 마음에 닿을 수 있었다.

내가 교사로 일하면서 얼마나 많은 아이를 놓쳤을까? 아들이 신경다양인으로 진단받고 나서 한동안 교직 생활을 돌아보며 깊은 미안함 속에 지냈다. 머릿속에 떠오르는 아이들 한 명 한 명에게 마음속으로 사과하면서 중얼거렸다. "아, 그때 그래서 그렇게 행동하고 그렇게 질문했구나." 늦은 깨달음은 후회라는 이름으로 오래도록 나를 따라다녔다.

2021년, 코로나 유행이 잦아들면서 장애인 지원사 공부를 시작했다. 장애 중에서도 특히 자폐, ADHD 당사자 같은 신경다양인에 대해 공부하고 이 분야에서 일해 보니 부정할 수 없는 진실이 하나 있다. 바로 가족력의 영향이다. 아들을 이해하고 나니 남편과 시댁 가족들의 신경 가계도가 한눈에 그려졌다. 내 아들의 자식, 즉 내 손주나 증손주도 신경다양인으로 태어날 확률이 높다는 뜻이다.

따라서 나는 우리 집안의 문화를 재정비할 필요가 있었다. 어떻게 하면 한 집안에서 신경이 전형적인 사람과 다양한 사람 들이 서로 존중하며 어우러져 살아갈 수 있을까? 어쩌면 다양해서 더 재밌고 아름다운 가족이 탄생할 수 있지 않을까? 음지가 양지가 되고 양지가 음지가 될 수 있는 게 인생이라면, 다양성이 인류 지속 가능성의 필수 요소라면, 내 가족의 미래가 밝을지도 모른다. 당장 나부터 시작하기로 했다. 장애가 특별하지 않은 일상이라는 사실을 공유한 가정, 장애 아동의 탄생도 마땅히 축복받는 가정, 장애와 함께하는 삶의 고단함과 찬란함이 굳이 충돌할 필요가 없다는 사실이 문화로 깊이 뿌리내린 가정을 만들고 싶었다. 이런 마음가짐으로 지역사회의 장애 당사자 및 그 가족과 일하고 싶어졌고, 뚜렷한 목표가 생기자 마음이 바빠졌다.

10년 가까이 경력 단절 시간을 보내고 타국에서 다시 일터에 나갈 마음을 먹으니 설레면서도 두려움이 앞섰다. 한국이 학벌과 스펙 중심 채용을 선호한다면, 호주는 실무 경험과 동료들의 평판을 중심에 두고 채용한다. 생각해 보면 호주 같은 이민 국가에서 학벌과 스펙 타령을 하면 기괴한 일일 것이다. 해외 출생 인구가 전체 인구의 약 30퍼센트*인 나라에서 한국의 '스카이(SKY)' 출신이 무슨 소용이고, 한국에서 유행하는 자격증이 뭔 상관이란 말인가?

오랫동안 경력이 단절된 이민자가 첫 구직 활동에서 겪는 어려움은, 실무 경험을 확인할 자료가 없고 평판을 증명할 추천인을 쉽게 구할 수 없다는 데서 비롯한다. 호주는 직장 대부분에서 추천인 두 명을 요구한다. 고용주가 실제로 전화나 이메일을 통해 추천인에게 지원자의 자질을 꼼꼼하게 확인한다. 심지어 이민 와서 집을 빌릴 때도 호주의 부동산 중개인이 내가 한국에서 전세로 살던 집 주인에게 이메일을 보내 세입자로서 나의 자질과 도덕성을 확인할 정도다. 다행히 나는 돌봄 노동을 하는 지인들의 추천을 받아 가정방문 고령자 돌봄을 주로 하는 에이전시에 취직할 수 있었다.

"가장 잘하는 일로 돈을 번다."

이슬아 작가의 발칙한 책, 『가녀장의 시대』에 나오는 문구처럼 나도 가장 잘하는 일로 돈을 벌기로 했다. 경력 단절을 재해석하면 10년 가까이 돌봄을 '지속적이고 열정적이고 일관되게' 한 돌봄계의 중견이라는 말이다. 그러니까 경단녀의 다른 이름은 돌봄계의 달인이다. 내가 선 자리에서 나를 중심에 두고 내 관점에서 세상을 읽기로 하니 이력서가 술술

써졌다. 돌봄이라면 자신 있다. 아니나 다를까? 돌봄계에 진입하고 보니 여성 천지다. 나보다 일찍 가장 잘하는 일로 돈을 벌기로 한 또순이 선배가 넘치고, 그들을 보면 동료의식이 샘솟는다.

아들 덕에 내 몸에 장착된 장애 감수성이 일터에서 마침내 빛을 내기 시작했다. 특히 발달장애 당사자와 가족들이 나를 반겼다. 보통 사람들이 불편하고 어려워하는 장애 당사자들을 만나면 거칠거나 당황스러운 행동 뒤에 숨어 있는 그들의 진짜 마음을 읽어 내다 보니 그들은 물론이고 가족도 나를 편하게 여긴다.

인생의 역경은 새로운 틈을 만들고, 그 틈을 두려워하지 않는 사람에겐 새로운 길이 열리기도 한다.

능력과 진심이 필요해

돌봄 노동에 발을 들인 뒤에는 큰 부담 없이 가정을 방문해 어르신들을 돌보고, 때때로 장애인 고객들의 활동을 지원했다. 그러다 남편과 별거를 결심하고 생계를 스스로 책임져야 하는 상황이 닥치자, 주저하지 않고 요양원에 이력서를 냈다. 내가 취업한 곳은 빅토리아주 전역에서 지점 30여 곳을 운영하는 민간 요양원이다. 면접 전형 뒤 채용이 결정된 경우, 호주 대부분의 직장이 그렇듯 이메일로 받은 계약서를 읽고 서명하면 취업 절차가 끝난다. 이틀 동안 (수당이 지급되는) 오리엔테이션에 참가하고, 내가 일할 요양원에 가서 버디 시프트(Buddy Shift)를 세 번 받고 나면 요양보호사 자격이 된다. 버디 시프트란 요양보호사 선배가 신입 후배를 종일 데리고 다니면서 가르치는 현장 교육이다.

오리엔테이션에는 요양보호사뿐만 아니라 요양원에서 일할 요리사, 요리사를 지원할 직원, 간호사 등이 다 모였다. 참가자 스무 명 가운데 호주 토박이는 두 명이고 나머지는 나 같은 이주민이다. 인도, 네팔, 케냐, 필리핀, 중국, 스리랑카, 인도네시아, 우즈베키스탄, 미얀마 등 다양한 나라에서 온 이주민들이 호주의 돌봄 분야를 굳건하게 지탱하고 있다. 20대 대학생부터 60대에 이르는 다양한 노동자들이 모였다. 이들이 없으면 호주의 돌봄 분야가 당장 호흡 정지 상태에 빠질 것이다.

한 이민 선배는 호주의 노인복지 수준이 그리 칭찬할 만하지 않다고 했다. 노인 빈곤이 워낙 심각한 한국에 비해 좋아 보일 뿐이지 호주의 노인복지도 갈 길이 멀다는 것이다. 그래도 나는 이민 초기에 충격을 금할 길이 없었다. 주중에 집 근처 쇼핑센터에 나가면 카페마다 노인들이 자리를 차지하고 있었다. 어린 손주와 또는 노인끼리 모여 점심을 먹거나 반려견과 산책한 뒤 커피와 케이크를 먹는 모습이 낯설면서도 좋았다. 이민 전 한국 거리에서 허리가 90도로 꺾인 노인이 폐지 실은 손수레 끄는 모습을 심심찮게 보고 탑골공원에

빼곡하게 모여 있는 노인들에 관한 뉴스를 주로 접했기 때문이다. 내가 타국에 살고 있구나, 이 나라는 한국보다 부자 나라구나, 하는 생각이 들면서 늙음과 노년에 대한 부정적인 감정이 많이 사라졌다.

내가 처음 일한 요양원에는 80여 명의 입주자가 있었다. 오전 근무는 아침 7시부터 오후 3시까지, 오후 근무는 오후 2시 45분부터 밤 10시까지, 야간 근무는 밤 9시 45분부터 다음 날 아침 7시 15분까지다. 근무시간이 겹치는 15분 동안 인수인계를 한다. 출근 첫날 버디는 나보다 네 살 많은 호주인 캘리였다. 이미 할머니인 캘리는 고등학교를 졸업하자마자 일을 시작했고, 딸이 열여덟 살에 임신하는 바람에 일찍 할머니가 되었다고 했다.

한국에 비해 대학 진학률이 낮은 호주에서 사람들은 노동을 일찍 시작하고 임신과 출산 연령도 낮은 경우가 많다. 호주에 시설과 서비스가 좋아 입주할 때 큰돈을 내야 하는 민간 요양원이 많고 이곳들이 유지되는 이유 중 하나는, 많은 호주인들이 스무 살 이전에 직업을 갖고 돈을 벌기 시작해서 은퇴 연령인 65세까지 일을 하다 보니 노후 자금을 많이 축적할 수 있다는 사실이 아닐까 추측해 본다.

한국에서는 고졸자 중 80퍼센트 이상이 대학에 가고 남자는 군 복무까지 하니 상대적으로 늦게 직업 세계에 들어간다. 게다가 많은 직장에서 50대 중반이면 반강제로 은퇴해야 하니 노동연한이 호주에 비해 짧을 수밖에 없다. 또 한국에서 부모 대다수가 성인 자녀까지 뒷바라지하는 것과 달리 호주 부모들은 자녀를 어릴 때부터 독립적으로 키우고 고등학교를 졸업한 자녀는 성인으로 여겨서 경제적으로도 독립된 주체로 보는 경향이 강하다.

이제 나도 호주 문화에 익숙해져서, 아들이 대학에 진학할 경우를 대비하며 학비를 걱정하지는 않는다. 사실 학비는 정부의 학자금 대출로 충분히 해결할 수 있다. 또 아들이 고등학교 졸업 후 곧바로 직업 세계에 들어선다면, 본인이 벌어서 살아갈 거라고 본다. 부모로서 하는 경제적 지원은 고등학교 졸업 때까지다. 아들에게 '투자'라는 이름으로 돈을 쓰기보다는 부지런히 내 노후를 준비하는 편이 결국 나에게도, 아들에게도 더 이롭다고 믿으며 일상을 꾸려 간다.

16년째 요양원에서 일한 캘리는 베테랑이었다. 입주자들의 특성과 기호를 다 이해하고 있으며 이들과 노래 부르면서 아침 인사를 나누고 목욕을 비롯한 아침 일상을 돕는다. 캘리의 여유와 자신감, 빨리 본받고 싶다.

"언니, 장애인 지원사나 가정방문 요양사로 일할 자리가 얼마든지 있는데 왜 굳이 힘든 요양원에서 일하려고 해요? 언니 같은 약골이 거기서 일하다가는 골병들어요."

나를 아끼는 J가 수심 가득한 얼굴로 진짜 피를 나눈 동생처럼 걱정하며 묻는다. 현재 간호사와 가정방문 고령자 돌봄 운영 관리자로 일하는 J는 돌봄 분야에서 안 다녀 본 기관이 없고 안 해 본 일이 없는 척척박사다. 20여 년 전 멜버른에서 간호사 공부를 한 3년 동안 요양원 요양보호사로 일하면서 학비와 생활비를 벌었으니, 요양원 일이 육체적으로나 정신적으로 얼마나 고된지 잘 안다. 병원에서 항생제 부작용으로 물똥을 줄줄 쏟는 환자의 기저귀를 열 번 갈고 왔다는 J, 자기가 고된 건 아랑곳하지 않고 나를 걱정하는 얼굴이 피곤에 절어 푸석하고 퉁퉁 부어 있었다. 참고로, 호주 병원에서는 환자의 돌봄과 간병이 간호사의 몫이다. 한국처럼 환자 가족이 간병하거나 간병인을 고용하지 않는다. 간호사가 요양원의 요양보호사인 나처럼 환자를 보살피며 기저귀를 갈고 씻기는 등 만능인이 되어야 한다.

"난 진심으로 돌봄계의 달인이 되고 싶어."

내가 요양원에 이력서를 넣기 전에 바로 J에게 추천인이 되어 달라고 간곡하게 부탁했다. 돌봄 분야에서 가장 인기 많은 추천인이 간호사라서, J가 내 지인이란 사실만으로도 천군만마를 얻은 듯했다. 싱글맘이 되기로 한 나를 전폭적으로 지지한 J는 언제든 내 인생에서 이력서가 필요할 때마다 추천인이 되어 주겠다고 흔쾌히 말하면서도 약골인 내가 요양원에서 일하는 것을 불안해했다. 하지만 사회적 신분을 기혼자에서 싱글로 바꾸려는 내게, 돌봄 노동으로 남은 인생을 꾸려 나가겠다고 마음먹은 내게 요양원 근무는 꼭 거쳐야 하는 통과의례로 다가왔다. 그동안 남편이 번 돈을 쓰면서 살았다면 이제부터는 내가 벌어서 내 남은 인생을 책임지기로 했고, 돌봄 노동을 시작하고 돈을 벌어 보니 홀로서기에 자신이 붙었다. 상대적으로 유능한 남편과 살다 보니 내가 할 수 있는 일이 자꾸만 줄어들고, 그만큼 내 삶에 대한 자신감이 쪼그라들던 차다. 호주에서 돌봄 노동을 유지하는 한 굶어 죽지는 않을 거라는 안도, 그래서 경제적 독립은 독립의 가장 아름다운 피날레다.

호주라는 사회도 내 독립 결심에 계기가 되었다. 남의 눈치를 보지 않고 자신의 가치와 신념대로 사는 사람이 많은 호주는 가족의 형태가 정말 다양하다. 앞에서 새로운 길을 만들면서 걸어간 용감한 선배들의 인생 여정이 나에게 힘이 되었다. 아들의 초등학교 5학년 때 담임교사인 케이시는 이혼 과정을 끝낸 뒤 학급의 학생들에게 거침없이 그 사실을 공개했다. 30대 초반으로 세 살짜리 딸을 키우는 케이시가 이야기를 나누던 중 성숙한 발언으로 나를 놀라게 했다.

"우리 학급에서 절반에 조금 못 미치는 학생들이 생부와 생모 밑에 사는, 보편적이라고 말하는 가정의 아이들이 아니에요. 이혼 가정의 싱글맘이나 싱글 대디의 아이, 재혼 가정의 아이, 성소수자 커플 가정의 아이, 태어날 때부터 아빠가 없는 아이……. 아주 다양하죠. 아이들은 어리니까 곁에 이렇게 다양한 가족 형태로 사는 또래가 많다는 사실도 잘 모르고 위축될 수 있잖아요. 아직은 세상에 이혼 가정의 아이에 대한 편견이 남아 있기도 하고요. 그래서 아이들에게 내 이혼을 알리면서 이혼이 누구에게나 닥칠 수 있는 흔한 일이라고 말해주고 싶었어요. 싱글맘과 살아갈 내 딸을 비롯해 보편에서 벗어난 다양한 가정의 아이들이 외롭지 않고 건강하고 행복하게 살기를 바라거든요."

요양원에 취직하기 전까지만 해도 돌봄은 용돈 벌이, 지루한 일상의 변화 정도로 여겼다. 하지만 이제 돌봄은 내 삶을 지탱할 절박한 생업으로 다가왔고, 유능한 케어러가 되는 일은 선택이 아닌 필수가 되었다.

가정방문 요양사나 장애인 지원사로 일하면서 내 직업

적 기술과 역량, 경험의 부족을 실감했다. 단순하고 쉬운 돌봄 업무는 할 수 있었다. 하지만 가정에서 완화치료 중인 분, 소변 주머니를 달고 있는 분, 장루 주머니를 쓰는 분, 거동이 불편해 기중기가 필요한 분 등은 자신이 없어서 맡지 못했다. 완화치료 고객 돌보기 외의 기술은 장애인 지원사 자격증을 따는 과정에 이론적으로 배웠지만 실제 현장에서 몸에 익힌 경험이 많지 않았다. 가정방문 돌봄이나 장애인 지원 업무는 대부분 혼자 배정되기 때문에 자신이 없으면 일을 맡겠다고 선뜻 나서기가 어렵다. 막상 겪어 보면 뜻밖에 간단한 경우도 많지만, 고객의 안전과 위생에 직결되는 일이라서 서툴게 하면 안 된다는 부담이 크다. 에이전시에서 때때로 직무 능력 개발을 위한 훈련을 제공하고 단기 교육 프로그램도 다양하게 운영하지만 나는 마음의 여유가 없었다. 너무 급하고 너무 절실했다.

유능하고 전문성 있는 사람들의 돌봄은 편안하고 섬세하며 안정감이 넘친다. 어느 날 우연히 가정방문 돌봄에서 유능한 동료인 자이를 만났다. 싱글맘인 자이는 주택 담보 대출금을 갚아야 해서 요양원 요양사와 가정방문 요양사로 바쁘게 산다고 했다. 자이의 발걸음과 손길은 허둥대지 않고 정확하며 절도가 있다. 죽음을 눈앞에 두고 완화치료를 받는 할아버지 고객을 차분하고 안정적인 태도로 능수능란하게 돌봤다. 베개를 이리저리 옮기며 자세를 고쳐 주고, 침대의 높이와 각도를 게임 컨트롤러 다루듯 현란하게 작동하고 있었다. 그 움직임을 보면서 내가 제공하는 돌봄이 얼마나 엉성하고 미숙한지를 낯 뜨겁게 자각했다. 내가 고객이라도 당연히 자이에게 돌봄을 받다 생을 마감하고 싶으리라.

"넌 어디서 이렇게 좋은 돌봄을 배웠어?"

배움 앞에서는 앞뒤, 체면 따지지 않고 묻는다. 중국어 억양이 강하면서 한없이 다정한 자이가 답한다.

"난 오랫동안 요양원에서 일하고 있어. 돌봄의 끝판왕은 요양원이야. 요양원에는 돌봄에 관한 모든 게 있어. 거기에서 서너 달만 일하면 네가 원하는 돌봄 기술을 다 몸에 익힐 수 있을 거야. 그리고 싱글맘은 먹고살기 위해 일을 많이 해야 하는데, 요양원은 언제나 일손이 부족해."

J와 자이의 말이 진실이라는 것은 버디 시프트 첫날 직감했다. 요양원에서 욕심내며 일하다 골병드는 건 시간문제 같았고, 서너 달만 일하면 가정방문 돌봄이 식은 죽 먹기 같아질 듯했다. 안심했다. 당장 내 필요에 꼭 맞는 일터, 내 직업적 능력과 전문성의 기본기를 다질 곳이 되겠다 싶었다.

요양원은 외로움, 조절되지 않는 대변과 소변, 단절, 노화, 노쇠, 질병, 치매, 장애, 고통, 죽음 등 인간이 가장 기피하고 혐오하고 두려워하는 것이 총집결된 곳이다. 그래서 역설적으로 모든 돌봄과 간병의 역량과 경험, 지혜와 더불어 인간의 존엄과 존중이 요구되는 곳이기도 하다. 버디 시프트 사흘 만에 소염진통제를 덕지덕지 바르고 붙인 내 팔과 어깨와 허리는 왜 자이가 유능한 요양사가 되었는지를 말해 주었다. 가장 집중적이면서도 다각적으로 단기간에 돌봄 역량을 끌어올릴 수 있는 곳, 돌봄의 달인이 되고 싶은 사람에게 최적의 배움터가 바로 요양원이다.

"난 왜 요양원 근무가 재미있지? 돌봄이 체질인가 봐!"

한 달 넘게 요양원에서 일한 뒤 J를 만난 자리, 간병과 돌봄이 적성에 맞는다는 그에게 이렇게 말하며 내가 해맑게 웃는다.

육체노동으로 번 돈

케어러가 되면서 돈 씀씀이가 달라졌다. 당연한지도 모르겠다. 한국에서 일할 때 받은 임금은 추상적이고 실체가 없는 돈으로 느껴지곤 했다. 반면에, 멜버른에서 비정규직 시급제 노동자로서 버는 돈은 즉각적이고 직관적이다.

교사의 급여는 월급제, 호봉제다. 솔직히 난 내 월급 명세서의 세부 항목을 다 이해하지 못한 채 일을 그만뒀다. 매달 입금액과 명목별 수당이 달랐다. 명절이면 명절 휴가비가 목돈으로 입금되었다. 주당 몇 시간을 일하고 받은 돈인지도 모른 채 주는 대로 받고 따져 보지 않았다. (행정실 담당자가 설명해 줘도 제대로 이해하지 못했을 것이다.) 돈에 대해서 아주 게으르고 수동적인 태도였다고 할까? 시간제로 일하는 지금은 아주 능동적으로 내 노동시간을 계산하고, 임금 명세서를 살핀다. 1주일에 몇 시간을 일하는지, 시급이 좋은 에이전시 일을 늘려야 할지를 가늠해 보기도 하고 주말이나 국경일 시급을 꼼꼼하게 계산하면서 일한다. 돈이 어디서 나오는지와 내 노동이 어떻게 계산되는지를 이해하고 나니 적극적인 주인의 자세로 바뀐 셈이다.

멜버른에서는 주급제와 격주급제로 임금을 받는다. 돌봄 영역이 아니라도 여기에서 월급제는 아직 들어 본 적이 없다. 이번 주에 일하면 다음 주나 다다음 주에 또박또박 내 노동의 결과가 통장에 찍혀 나온다. 심지어 (장애인 지원이나 가정방문 고령자 돌봄이 예상보다 길어졌을 때) 10분이나 15분 단위로 연장된 시간만큼 계산된 임금이 지급되는 걸 보면, 내 노동이 얼마나 귀한가에 대해 아주 즉각적이며 실제적인 감각이 자라고 '시간이 돈'이라는 인식이 뇌에 명징하게 박힌다. 나태해질 만하면 통장에 찍힌 숫자가 묘하게 일을 또 하고 싶게 만든다. 예전에 어떻게 한 달씩 기다렸다 급여를 받으며 살았는지 아득하다.

돌봄 노동을 하는 요양보호사는 3D 직종이다. 요양원에는 각종 질병과 죽음이 도사리고 있는 데다 정신이 흐린 분이 많다 보니 일하는 사람의 스트레스 강도가 높아서 기피 직장으로 꼽힌다. 그러니 나처럼 사회적으로, 문화적으로, 언어적으로 열세에 있는 이민자가 돌봄 노동에 몰릴 수밖에 없다. 그나마 호주는 세계에서 시급이 가장 높은 나라로 꼽히고, 상대적으로 가난한 나라 출신 이민자에게는 이 조건이 매력적이다. 호주 요양원에는 20대부터 중년에 이르는 이민자 여성과 영주권을 취득하려고 전 세계에서 몰려든 젊은이 들이 많이 일한다. 특히 호주 영주권 취득이 상대적으로 쉽다는 간호학 전공 유학생들이 학비와 생활비를 버는 곳이기도 하다.

요양원의 아침은 목욕으로 시작한다. 내가 일하는 요양원은 부부가 함께 쓰는 방 말고는 다 독실이다. 정확히 말해 목욕은 격일제라, 하루는 온몸을 씻고 다음 날은 따듯한 물수건으로 얼굴과 냄새나는 부분을 중심으로 간단하게 씻는다. 하지만 입주자가 원하는 방식으로 지원하는 것이 원칙이다. 매일 목욕하고 싶어 하는 분, 치매로 대소변을 못 가려서 아침 목욕으로 위생과 청결을 유지해야 하는 분이 있다. 의식이 없고 몸을 못 움직이는 분은 침대에서 간단히 닦다가 1주일에 두 번 정도 욕실에서 온몸을 씻어 드린다. 고령자는 변수가 많아서 요양보호사가 그때그때 형편에 맞게 판단한다. 아침 근무에서 보통 입주자 두세 명은 침대에서 물수건으로 닦고, 두세 명은 욕실에서 전신을 씻기고 나면 온몸이 땀에 젖는다. 입주자는 물로, 요양보호사는 땀으로 목욕한달까?

언젠가부터 요양원 아침 근무를 하고 나면 몸에서 쉰내가 났다. 요양원 일을 시작하고는 손가락 마디마디가 저릿저릿하고 쑤시는 탓에 밤에 몇 번씩 깨서 소염진통제를 먹고 다시 잠들었다. 수시로 팔목이 시큰거려서 약국을 들락거리다 깨달았다. '아, 나는 이제 육체노동을 하는구나.'

그리고 돈을 쓸 때마다 고민하는 사람이 되었다. 꼭 사야 할 물건인지 거듭 고민한다. 3D 직종에 몸담고 있는 것 자체가 훌륭한 경제 교육이 되었고, 내 씀씀이를 아예 바꿨다. 교사일 때는 돈을 생각 없이, 큰 고민 없이 썼다. 월급이 대단히 많지는 않아도 혼자 생활하기에 큰 지장이 없었다. 마르지 않는 샘처럼 다달이 월급이 통장에 들어오는 만큼 교사라는 직업의 지위에 걸맞은 생활을 해야 할 듯해서 방학이면 해외로 떠나고, 맛집을 찾아다니고, 철마다 옷을 샀다. 지금은 맛집에 가든, 옷을 사든, 놀러 가든 돈을 쓸 때마다 돌봄을 온몸으로 거부하며 진을 빼는 어르신부터 어깨와 허리가 끊어질 듯 아팠던 순간과 대소변을 처리할 때 코를 찌르던 냄새까지 떠오른다. 퉁퉁 붓고 뒤틀린 발가락이나 치질 부위에 엎드려서 연고를 발라야 하는 내 모습도 어른거린다. 돈을 쓰면 쓸수록 돈을 벌기 위해 마주해야 하는 이런 순간들을 생각하면 신생아가 하룻밤 새 한 뼘씩 자라듯 절약하는 마음이 쑥쑥 커 간다. 교사일 때는 방학과 휴일에도 월급이 나왔지만, 비정규직 시급제 노동자는 처지가 다르다. 일하지 않으면 돈도 없다.

아들에게는 지금까지 단 한 번도 노동 없는 용돈을 주지 않았다. 열 살 되던 해부터 주당 10달러씩 나이에 맞는 용돈을 주는데, 몇 가지 집안일을 한다는 조건이 있다. 하교 뒤 도시락 가방을 싱크대에 가져다 놓기, 옷가지를 개어 자기 방 옷장에 정리하기, 식사 후 그릇을 싱크대로 옮기기같이 사소한 일들이다. 하지만 ADHD 아들에게는 자발적으로 시작하고 끝내기가 결코 쉽지 않은 과제가 되기도 한다. 이렇게 시작한 집안일은 점점 범위가 넓어져, 지금은 금요일마다 간단한 도움을 받으며 가족의 저녁 식사를 준비하기까지 한다.

"아들, 엄마 돈에는 똥 냄새가 배어 있어."

아들에게 경제관념을 가르치겠다고 다짐한 날 부지불식간에 나온 말이다. 특히 충동 조절이 어려운 ADHD인들은 과소비와 충동 구매에 취약해, 아들이 어릴 때 돈 사용법을 제대로 가르치겠다고 다짐하던 차였다. 용돈깨나 모은 아들은 중학교에 입학하더니 너그럽게 돈을 썼다. 친구들에게 점심을 사 주고, 호주에 팁 문화가 없는데도 이발소에서 팁을 줬다. 친구에게 빌려준 돈을 돌려받지 못하고는 얼마 안 되는 돈이라 안 갚아도 된다고 아주 후하게 인심을 썼다. 요양원에서 쉰내 폴폴 나게 일하고 절인 배추 같은 몸으로 퇴근한 내 눈에는 가관이다. 돈 버는 일의 고됨과 돈 쓰는 일의 엄중함에 대해 말했더니 아들이 억울해하며 반문했다.

"내가 번 돈을 내 맘대로 쓰는데 왜 화를 내?"

아들 말이 반은 맞았고 반은 틀렸다. 아들이 번 돈은 진짜로 번 돈이 아니다. 아들이 한 일은 태어나서 목구멍으로 밥을 넘기기 위해 사람들 대부분이 늘 해야 하는 최소한의 일이다. 그런 것이라도 제 몫을 해야 먹고살 수 있다는 사실을 자연스럽게 가르쳐 주려던 계획이 엉뚱한 방향으로 흘렀다.

"부모한테 받은 돈은 네가 번 게 아니야. 제3자가 원하는 노동을 하고 돈을 벌어야 진짜지."

아들이 착하고 따듯한 천성과 경제관념의 조화를 어떻게 이룰지 모르겠지만, 허리 아픈 나를 위해 핫팩을 가져오고 김이 모락모락 피어오르는 캐모마일차를 가져다준다. 흐뭇함에 몽롱해진다. 육체노동의 하이라이트다. 일을 끝내고 땀이 아닌 물로 씻은 뒤 맛보는 휴식이 꿀보다 달콤하다. 이불 속으로 깊이 들어간다. 똥 냄새가 허브 향으로 덮인다.

밥심으로 삽니다

이젠 고봉밥을 먹는다. 배를 든든하게 채우지 않으면 허기가 지고 허리가 폴더형 휴대전화처럼 접힌다. 그 상태로 왼쪽 목부터 발까지 마비된 100킬로그램이 넘는 어르신을 기립기에 태우고 침대에서 전동 휠체어로, 전동 휠체어에서 목욕 의자로 옮기려면 어릴 적 부모님을 도와 지게에 쌀가마니를 쌓아 올리던 것만큼이나 힘겹다. 그나마 마룻바닥이면 바퀴가 잘 구르기나 할 텐데, 방마다 깔린 카펫이 야속할 정도다. 요양원 입주 어르신들의 비만은 요양보호사의 근골격계 건강을 무지막지하게 침해한다. 몸집이 고만고만한 아시아 출신 요양보호사 둘이 달라붙어도 헉헉거리기 마련이다. 식은땀이 등골을 따라 주르르 흐른다.

이런 상황에 어르신의 이동을 도울 요양보호사가 세 명 모일 때까지 기다리는 동료도 있다. 재미있는 건 이들이 한결같이 호주 토박이 정규직 요양보호사라는 사실이다. 한국 출신 노동자의 눈에는 어려운 일을 피하며 몸을 사리는 듯싶지만, 같이 일해 보면 돌봄에 진정성이 있는 데다 힘들고 냄새나는 일을 비정규직인 내게 미루지 않으니 안전 의식이 투철하다고 보는 게 맞는다. 사실 요양원에서 일하다 보면 이들처럼 몸을 아끼고 안전을 의식하며 일하는 편이 현명한 처사라는 걸 바로 알게 된다.

평생 땅을 일군 부모님은 밥심으로 산다며 항상 고봉밥을 드셨다. 한여름 등목 후 찬밥을 물에 말아서 고추장 찍은 풋고추를 곁들여 먹기만 해도 꿀맛이라고 하셨다. 그러던 엄마가 갑자기 뇌경색으로 쓰러지고 순식간에 돌봄의 대상이 되었다. 밤낮없이 움직이던 몸을 못 쓰게 되니 밥맛이 사라지고 고봉밥도 옛말이 되었다. 식사 때마다 먹이려는 셋째 딸과 먹지 않으려는 엄마의 전쟁이 벌어졌다.

"몸을 못 쓰니 손톱을 다 깎아 보네."

뇌경색으로 어눌하게 말하며 어색하게 웃으시는 엄마. 병원 생활을 청산하고 셋째 언니 집에 계실 때 남이 손톱을 깎아 주니 어색하셨나 보다. 평생 아낌없이 돌봄을 '주던' 엄마가 돌봄을 '받는' 존재로 변한 사실이 여섯째 딸인 나에게는 어색했다. 땅을 일구느라 손톱이 자랄 새가 없어서 깎을 일이 거의 없었다는 사실이 그때는 더 충격이었다.

교사로 일할 때 순번을 정해 급식 지도를 하는 데 불만이 많았다. 학생들 사이에 급식판 분쟁이 일어나면 밥술을 뜨다가도 일어나야 했고, 지도를 끝낸 뒤 밥을 먹으려고 하면 국이나 찌개는 이미 식은 데다 몇 백 명의 학생들과 밥을 먹으니 너무 소란스러워서 정신이 달아날 지경이었다.

급식에 불평불만이 많던 나를 새삼 돌아본다. 돌봄 노동을 하면 식사 시간이 들쑥날쑥하다. 급식이 없는 호주는 유치원생부터 성인까지 도시락을 싸 가지고 다닌다. 요양원에 갈 때나 장애인 지원을 길게 나갈 때 나도 샌드위치, 김치볶음밥, 샐러드, 컵라면, 파스타로 도시락을 싼다.

요양원에서 식사하는 시간은 매번 다르다. 오후 근무일 때는 어르신들 식사가 끝나면 우리 식사가 시작된다. 순번을 정해서 한 명씩 도시락을 먹고, 나머지 요양보호사들은 자리를 지키며 어르신들의 호출에 응해야 한다.

나는 가급적 식사 시간을 지키려고 노력한다. 저녁으로

속을 불편하게 하는 라면은 피한다. 저녁을 7시 이전에 먹고 위가 편안한 상태에서 잠자리에 드는 걸 좋아하는데, 요양원에서 저녁 근무를 하면 7시가 훌쩍 넘어 끼니를 때우곤 한다. 허기진 상태로 밥을 밀어 넣으면 포만감이 늦게 찾아와서 그런지 식사량이 자꾸 늘어나고 결국 고봉밥을 먹게 된다.

평생 밥벌이로 화물차를 운전한 오빠는 항상 기름지고 맵고 자극적인 음식을 주로 먹었다. 만삭처럼 부풀어 오르는 오빠의 배를 보면서 몸에 좋은 음식을 먹지 왜 자극적인 음식을 먹냐, 왜 저녁 늦게 음식을 많이 먹냐, 왜 빨리 먹냐, 왜 먹자마자 곯아떨어지냐, 건강관리는 언제 하냐며 아이 다루듯 잔소리를 해 댔다. 지금 생각하면 낯이 뜨거워진다. 육체노동자가 되고 나서야 알았다. 세상엔 바른 식사, 균형 잡힌 식사를 하고 싶어도 하기 어려운 노동자가 많다는 사실을 말이다. 신선한 제철 음식을 먹고, 5대 영양소를 골고루 챙기고, 운동으로 몸매와 건강을 관리하는 일이 어떤 사람에겐 그림의 떡일 뿐이다.

반평생 가까이 살고 나서 내가 몸 쓰는 노동자를 사랑하는 사람으로 변했다. 부모와 다르게 몸을 쓰지 않으면서 돈을 벌어 보려고 바득바득 공부해서 교사가 된 내가 돌고 돌아 호주에서 부모처럼 몸을 써서 먹고사는 육체노동자가 되었다. 이젠 길에서 마주치는 사람 중에 양복을 빼입거나 치마에 하이힐을 신은 사람은 눈에 잘 담기지 않는다. 그 대신 흙이나 시멘트가 잔뜩 묻은 작업화를 신은 사람, 요양원 로고가 찍힌 유니폼을 입은 사람, 형광색 안전 조끼를 입은 사람, 작업복 차림에 작업모를 쓴 사람이 내 눈길을 사로잡는다. 매 순간 몸을 써서 밥벌이하는 사람들이 내 관심 대상이고 그 노동의 결과로 돈을 벌어 쌀을 사는 노동자들이 이젠 나의 동료다.

오늘도 요양원 일을 마치고 나니 손가락 마디마디가 저릿하다. 마디가 굵고 거칠어진 손을 주무르면서 칙칙 소리를 내뿜는 압력밥솥을 보다 생각한다. 나도 이제 엄마처럼 고봉밥을 먹는다고, 엄마가 한 말은 진리였다고.

"육체노동자는 밥심으로 산다."

'이까짓'이 아니라 '이토록' 의미 있는 일

— 요양보호사로 은퇴한 선배 C

서 있는 자리에 따라 풍경이 다르듯 정규직 공무원에서 비정규직 시급제 노동자로 노동시장에서 내 지위가 바뀌면 세상을 읽는 문법이 아예 달라진다. 세상을 보는 시각에 전복이 일어난다. 이렇게 혁명적인 인식의 전환이 내 몸과 정신을 각성시키고, 몸 써서 일하는 사람들에 대한 관심이 샘솟게 만든다. 이들의 이야기가 듣고 싶어진다. 내 곁에 늘 존재했지만 그냥 지나쳤던 세계가 새롭게 열리고, 그 속에 꼭꼭 숨겨져 있던 보석같이 빛나는 삶의 희로애락이 내 온 감각에 포착되어 달라붙는다. 진귀한 경험이다.

"아이고, 이까짓 일이 뭐라고 인터뷰를 해요?"

손사래를 치며 한사코 인터뷰를 거절하는 C를 설득하는 데 시간이 꽤 걸렸다. '이까짓' 일이 아니라 '이토록' 중요하고 필수적인 일이라고, '이까짓' 일도 기록하면 의미 있는 일이 된다고, 세상에 블루칼라가 훨씬 많은데 화이트칼라나 권력 있는 사람들의 글이 넘쳐 난다고, 이제 몸 쓰는 사람들의 이야기가 넘쳐 나야 한다고 엄포 비슷한 걸 놓고 나서야 겨우 승낙받았다.

50, 내 나이 무렵에 요양보호사가 돼 일하다 65세에 은퇴한 선배 C는 요새 삶에 제2의 날개를 달았다. C를 보면 은퇴가 기대된다. 영어를 배우러 대학에 가고, 자원봉사를 하고, 갖가지 운동을 배우면서 열심히 사회에 참여한다. 워낙 새로운 것 배우기를 좋아하고, 활동적이고, 긍정적이고, 적극적인 C는 은퇴 후 밀물처럼 밀려와 남아도는 시간을 어떻게 유용하게 보낼지 행복하게 근심하며 하루하루를 채운다. 아직 매일 먹는 약 하나가 없다면서 은근히 자부심을 드러내는 얼굴에 건강한 미소가 넘실댄다.

Q 어떤 계기로 요양보호사가 되고, 어떤 곳에서 일을 시작하셨나요?

A 제가 싱글맘으로 살다 보니 비정규직으로 다양한 일을

했어요. 양말 가게에서도 일했는데, 그때 집 살 돈을 대출하려고 하니 비정규직 노동자는 대출받기가 어렵더라고요. 수입이 일정하지 않으니까 대출을 안 해 주려고 한 거죠.

카운슬(Council, 한국의 구청과 비슷한 호주의 행정기관)에 문의했더니 고령자 돌봄 분야에서 일해 보면 어떻겠냐며 요양보호사 교육을 소개해 줬어요. 교육비가 무료고 6개월 정도 교육받으면 요양보호사가 될 수 있다고 해서 시작했죠. 사실 거의 아무것도 모르는 상태에서 다급한 마음으로 선택한 일이에요.

50세에 시작해서 14년 8개월 일하고 65세에 은퇴했어요. 처음엔 이 분야에 대한 정보가 없고 아는 사람도 없어서 방이 35실인 작은 민간 요양원에서 일을 시작했어요. 그런데 어느 날 아버지가 돌아가셨다는 소식을 듣고 한국에 다녀왔더니, 그 요양원이 문을 닫았더라고요. 임금을 못 받았죠.

이런 일을 겪은 뒤에 작은 요양원에서는 일하지 않겠다고 다짐했어요. 이때부터 주로 큰 민간 요양원에서 일했는데, 운 좋게, 특별히 손이 많이 가는 어르신이 적은 곳에서 비교적 수월하게 일할 수 있었습니다.

Q 요양보호사 일이 잘 맞았나요? 가장 기억에 남는 어르

신이 있다면 어떤 분인가요?

(A) 요양원 어르신들 성격과 취향이 다 다른 게 재미있었어요. 저는 원래 활달한 편이라 어르신들과 대화하고 활동하는 일이 즐거웠습니다. 요양원도 결국 사람 사는 곳이고, 저도 젊지는 않아서 어르신들하고 잘 맞았어요. 어떤 어르신이 11월에 초콜릿이랑 새해 달력을 선물로 주신 게 기억에 남아요. 연말도 아닌데 왜 벌써 주시나 했더니, 당신이 새해까지 못 살 것 같다면서 시간이 얼마 없다고 하시더라고요. 그동안 고마웠다고 저한테만 선물을 주셨어요. 정말 뭉클했죠.

아무래도 제가 나이가 있다 보니, 어르신들에 대한 이해의 폭이 2, 30대 요양보호사보다는 넓지 않았을까 싶어요. 그래서 어르신께서 편안하게 느끼신 것 같아요.

Q 요양원에서 죽음도 대면하셨을 텐데, 처음에 어떤 느낌이었는지 궁금합니다. 또 입주자가 사망하면 어떤 절차를 밟나요?

(A) 사망했다기보다는 주무신다는 느낌이 강했어요. 눈 감고 편히 주무시는 것 같았거든요. 요양원에서 오랫동안 서서히 몸이 약해지는 과정을 지켜본 경우가 많아서 자연스러운 과정으로 느껴졌습니다. 갑작스럽게 돌아가시는 게 아니라

서 감정적 충격이 크진 않았어요.

보통 입주자가 사망하기 바로 전에 AHPRA(Australian Health Practitioner Regulation Agency, 호주 보건의료인의 면허를 발행하고 관리하는 기관) 등록 간호사(환자 간호의 전반적인 계획, 평가, 실행, 관리를 책임지는 의료 전문가다. 요양보호사나 간호조무사보다 높은 수준의 판단력과 책임감이 필요하다.)가 의사를 불러요. 의사가 사망진단을 하면, 고인의 눈을 감겨 드리고 몸을 깨끗이 한 뒤 새 옷을 입히고 새 기저귀를 해 드립니다. 미용사가 있다면, 머리를 예쁘게 손질해 드리기도 해요. 마지막 길을 최대한 정성껏 준비해 드리죠.

Q 요양보호사가 가장 어려워하는 분들이 치매 어르신들이죠. 치매 어르신을 접하고는 어떤 생각을 하셨나요?

A 참 안타까워요. 인지능력이 없어져서 가족을 알아보지 못할 때가 가장 슬프죠. 어떤 분은 면회 온 아내를 보고 엄마가 왔다며 좋아하시고, 아들을 못 알아보시기도 했어요.

치매 어르신은 돌보기가 어려워요. 밤에 안 주무시고 계속 돌아다니시기도 하거든요. 가수였던 분은 종일 노래를 부르시고, 평생 경찰로 일하신 분은 단속한다며 돌아다니세요. 기억을 잃어도 평생 한 일이 무의식에 남아 있다가 표출되는 것 같아요.

Q 요즘 노인뿐만 아니라 장애인, 어린이 돌봄 노동도 많이 필요하잖아요. 돌봄 노동자에게 가장 필요한 자질이 뭘까요?

Ⓐ 어떤 직업이든 마찬가지겠지만, 훈련으로 쌓은 기술하고 직업의식이 중요하겠죠. 저는 사실 일을 즐기면서 재미있게 하는 게 중요하다고 봐요. 요양보호사 중에는 일이 자기한테 맞지 않는데도 돈을 벌어야 하니까 마지못해 하는 경우가 있어요. 그런 분들을 보면 안타까워요. 특히 젊은 유학생 중에 돈이 필요해서 이 일을 선택하고 애정 없이 시간만 때우려는 경우가 있는데, 그런 사람이랑 같이 일하는 다른 요양보호사가 정말 힘들어지죠.

저는 주로 오후 지원을 했는데, 젊은 요양보호사들이 오전에 다른 일을 하고 지친 상태로 오기도 해요. 심지어 졸면서 일하는 것도 봤어요. 그럼 당연히 돌봄의 질이 떨어질 수밖에 없어요. 결국 돌봄은 사람과 사람의 관계니까, 이 관계를 잘 형성하는 게 가장 중요하다고 생각해요.

Q 지금 연세가 68세인데, 노후는 어떻게 준비하시나요?

Ⓐ 요양원에서 오래 일하면서 자연스럽게 제 노후를 생각하게 됐어요. 요양원 입소를 꺼리는 어르신들이 많은데, 요양원 생활을 꼭 부정적으로만 볼 필요는 없을 것 같아요. 요양원에서도 삶이 이어지거든요. 의사의 판단에 따라 외출할 수도 있고, 소란스러운 게 싫은 분은 방에서 혼자 조용히 식사하실 수도 있어요. 특히 돌봄이 많이 필요하지 않은 분들은 뜨개질이나 색칠, 텃밭 가꾸기 같은 활동으로 활기찬 시간을 보내기도 합니다.

특별한 날에는 모두 모여서 파티도 해요. 입주자 생일에 가족들이 요양원에 와서 생일 파티를 할 수 있어요. 요양원에 입소할 때 내는 보증금에 따라 조금씩 차이가 나지만, 호주의 민간 요양원은 대부분 시설도 프로그램도 좋아요. 요양원을 갇힌 공간, 죽으러 가는 곳이라고 생각하면 서글픈데, 친구들과 어울리며 좋아하는 취미 생활을 하다 필요할 때 도움받을 수 있는 곳이라고 생각하면 나쁘지 않아요. 오히려 안심되죠. 나이 들고 병들면 외로움이 큰 문제거든요.

Ⓠ 환경이 좋은 민간 요양원은 비용이 꽤 많이 들지요?
Ⓐ 맞아요. 요양원마다 차이가 크죠. 제가 마지막으로 일한 요양원은 입소 보증금이 55만 달러고, 다달이 1800달러를

내야 했어요. 가난한 사람은 갈 수 없는 요양원이죠. 좋은 민간 요양원은 호텔 같아요. 청소는 전문가가 하고, 요양보호사가 입주자의 개인위생을 관리하고, 먹고 싶은 음식을 말하면 요리사가 해 주고, 식사 때마다 와인이나 맥주를 곁들여 드실 수 있어요. 아무래도 돈이 있으면 노후가 훨씬 편하죠. 호주는 사생활, 취향을 중시하는 나라잖아요. 고급화된 민간 요양원은 개인 맞춤 돌봄을 제공하니까 그런 데 가는 거죠.

Q 나중에 요양원 입소를 생각하시나요? 돌봄 서비스를 받는 고객이 되면 어떨 것 같아요?

A 그럼요. 결국 필요하면 가야죠. 하지만 요즘 호주에서는 가정방문 요양 서비스가 늘고 있어요. 그걸 이용하면서 가능한 한 오랫동안 집에서 지내다가 요양원에 가면 좋겠죠.

저는 요양보호사를 힘들게 하지는 않을 것 같아요. 많은 어르신을 대하다 알게 됐는데, 제 성격이나 입맛이 까다롭지 않고 소탈한 편이에요. 오랫동안 이 일을 했기 때문에 요양보호사가 어떤 일을 하는지, 어떤 어르신을 선호하는지 잘 알아요. 할 수 있다면 돌봄을 정중하게 요청하고 싶어요. 하지만 제 바람일 뿐이죠. 나중에 제가 어떻게 될지는 장담할 수 없잖아요. 치매에 걸려 정신이 흐려지면 어쩔 수 없겠죠.

Q 요양원에서 일할 때 가장 아쉬웠던 점이 있다면요?

A 요양보호사들이 항상 시간에 쫓긴다는 점이에요. 전 주로 오후 근무를 했는데, 제가 일한 요양원에서 오후 근무 때 요양보호사 네 명과 간호사 한 명이 입주자 서른 명을 돌봤어요. 저랑 동료랑 둘이 짝을 이뤄서 어르신 열다섯 명을 돌봤죠.

제가 맡은 구역은 돌봄 요구가 낮은 분들이 머무는 곳이었어요. 그중 예닐곱 명은 자신을 스스로 돌볼 수 있는 분들이라서 취침 준비를 잘하셨는지만 확인하면 되고, 기립기나 기중기 같은 기계를 쓰시는 분이 두 명이었어요. 그런데도 두 명이 열다섯 명을 돌보다 보면 바빠요. 아침 근무 때는 목욕이 있으니까 더 바쁘죠. 아침 근무가 7시부터 3시까지라면, 가장 바쁜 7시부터 11시까지 요양보호사를 더 투입해요. 요양원마다 직원 대 입주자 비율이 조금씩 달라요.

또 하나는 요양원에 찾아오는 가족이 거의 없는 어르신을 볼 때 마음이 아팠어요. 가족이나 지인이 가끔 찾아오는 분들이 있고, 그렇지 않은 분들도 있거든요. 외로운 분에게는 항상 마음이 더 갔죠.

힘든 점이 있지만 전 요양보호사 일이 좋았어요. 이혼했을 때 애는 어리고 돈이 없어서 어디서든 일자리만 주면 고마웠죠. 이혼을 겪고 나니 세상에 무서울 게 없더라고요. 멋모르고 시작했지만 성격에 맞고 다른 사람을 돕는 일이라 행복했습니다.

인터뷰를 마치고 귀가하는 C의 뒷모습을 눈에 오래 담았다. 내가 직접 담근 김치 봉지를 들고 바삐 걷는 모습에서 여전히 건강하고 활기찬 에너지가 느껴졌다.
"운동 안 하면 이 일 못 해요."
그녀가 늘 하던 말이 떠오른다. 요양보호사의 길에서 체력과 건강은 노동의 필수 조건이다. 현역일 때 매일 운동을 게을리하지 않았던 그녀는, 여전히 허리가 꼿꼿하고 발걸음이 젊은 사람처럼 날렵했다. 복용하는 약이 하나도 없다는 그녀의 자부심이 허투루 느껴지지 않았다.

"여기서는 실무 경험이 더 중요해요."

— 돌봄 노동 예찬론자 K

"언니들, 아름다운 인생이에요."

"언니들, 오늘도 좋은 하루!"

현재 활동 중인 수다리 회원 일곱 명 중 가장 어린 40대 중반의 K. 전 세계를 휩쓴 코로나19 유행이 잦아들 무렵 모임에 참여한 K는 남다른 외모로 깊은 인상을 남겼다. 커트 머리에 육각형 선글라스, 선글라스처럼 각진 턱선, 짧은 치마, 가슴 모양을 고스란히 드러낼 만큼 몸에 달라붙은 상의, 귀에서 반짝이는 수많은 피어싱.

K는 나와는 반대로 지나치다 싶을 만큼 의욕과 에너지가 넘쳐 난다. 대학생 때부터 암벽등반을 즐기고 체육관에서

근육을 키우며 몸을 만들었다는 K는 지금도 매일 새벽 5시에 일어나 운동하고 찬물로 샤워할 때 가장 행복하다고 한다. 장딴지를 바늘로 찌르면 바늘이 툭 부러질 것같이 탄탄한 몸을 유지하며 직접 준비한 건강식을 차에 싣고 다닌다. 언제나 노트와 펜을 들고 다니다가 모임 중에 새로운 정보가 나오면 바로 기록하고 나중에 검색할 만큼 부지런하다. 치매가 놀러 오려다 한달음에 도망가고도 남을 사람이다.

그런데 반전이 있다. 보디빌더 같은 몸, 건전한 생활 방식과는 다르게 갖가지 잔병을 달고 산다. 어느 날 연락이 뜸하다 싶으면 허리 때문에 한 달째 방에 누워 있어서 남편이 수발을 든다고 하고, 치아가 부실해서 임플란트를 몇 개나 했고, 인터뷰하는 날에도 골다공증이 너무 심해서 주사를 맞고 나타났다. 하지만 이런 순간에도 K는 해맑게 웃으면서 말한다.

"언니, 인생이 너무 아름다워요."

K는 가정방문 요양사와 장애인 지원사로 3개월째 일하고 있다. 내가 지나온 길을 그대로 걷고 있는 후배다. 인터뷰하자는 제안에 1초의 망설임도 없이 흔쾌히 승낙했다. 인터뷰는 딱 K의 성격만큼 유쾌하고 거침없었다. 자기 일에 폭 빠진 사람, 자기 일을 사랑하는 사람과 하는 인터뷰가 얼마나

재미있고 흥미로운지를 K 덕에 알게 되었다.

K의 인터뷰를 통해 요양보호사 교육이 단순한 지식 암기나 강사의 일방적인 지식 전달에서 그치지 않는다는 사실을 확인했다. 강사는 다양한 상황을 제시하며 끊임없이 질문한다. 그룹 수업에서는 동료와 여러 사례에 대한 해법을 찾아야 하고, 학습한 지식은 실습을 통해 다시 익혀야 한다. 실무 경험을 중시하는 나라답게 요양원에서 4주간 실습을 해야 한다.

장애인 지원과 요양보호를 같이 하다 보면, 두 영역을 아우르는 돌봄 전문가가 될 수 있다. 두 분야가 서로 긴밀하게 연결되어 있으며 교집합이 상당히 광범위하다는 점은 반박할 수 없는 진실이다. 특히 고령자에 대한 가정방문 돌봄의 수요가 급증하는 한편 장애인이 지역 공동체에서 함께 생활하는 사회라면 두 분야를 자유자재로 넘나드는 하이브리드형 돌봄 노동자가 절실하다.

결국 K와 한 인터뷰는 돌봄 노동자의 전문성에 따른 자신감, 좋은 대우에서 오는 자부심, 인간의 존엄성을 존중하는 직업윤리에서 양질의 돌봄이 나올 수밖에 없다는 사실을 환기해 주었다.

Q 언제 어떤 계기로 호주에 이민 왔나요?

A 2008년에 호주 여행을 했어요. 한국에서 직장 생활을 7년 정도 했는데, 그걸 접고 캐나다에서 대학원에 진학할 생각이었어요. 그 전에 멜버른에 여행 왔다가, 워킹 홀리데이 중인 지금의 남편을 만났어요. 그 뒤 남편하고 호주에 눌러앉기로 했고, 그때 제가 서른한 살이었어요.

Q 영주권 받는 데 얼마나 걸렸어요?

A 오래 걸렸어요. 남편이 타일 쪽 트레이디(tradie, 전기, 배관, 벽돌, 타일 등 다양한 분야의 전문 기술자를 가리킨다.)로 일하면서 10년 정도 걸렸어요. 2016년에 둘째 출산을 한 달쯤 앞두고 영주권을 받았는데, 영주권을 받기까지 돈도 많이 들고 힘들었어요.

Q 한국에서는 어떤 일을 했나요?

A 대학에서 건축을 전공해 인테리어 디자인을 했어요. 대학 졸업 후 서른 살까지 했는데, 제가 좋아하는 일이라서 재미있었어요. 처음엔 남편도 저도 영주권이 없으니까 제가 제과 제빵 공부를 하면서 학생 비자로 지냈어요.

남편이 영주권 받고 나서 타일 쪽 사업을 시작할 때 제가 같이 일했죠. 지금 생각해 보면 호주에 처음 왔을 때 아무래도 영어에 자신이 없으니까 스스로 직업에 제약을 둔 것 같아요. 영어 장벽이 있으니 인테리어 전공을 살려서 일하기엔 두려움이 너무 컸고, 제과 제빵 쪽은 영주권을 따기 수월하니까 그 일을 했죠.

Q 장애인 지원사 자격증에 관심을 둔 계기는 뭔가요?
A 무엇보다 이 분야는 저 같은 이민자들이 걱정하는 언어 장벽이 높지 않잖아요. 장애 쪽은 항상 관심이 있었어요. 사촌 언니가 사회복지학과를 나오고 장애인 복지 관련 일을 해서 막연하게 관심이 있었죠. 그러다 고향 친구의 아이가 장애 당사자란 걸 알게 되면서 공부를 꼭 해 보고 싶었어요.

저나 사람들 대부분이 장애에 대한 혐오나 불편이 있잖아요. 장애인 복지 일을 하다 보면 장애인을 더 깊이 이해하고 타인을 바라보는 내 시선과 삶을 재점검해 볼 수 있지 않을까 싶었어요.

Q 요양보호사와 장애인 지원사 자격증이 다 있지요? 교육과정은 어떻게 다른가요?
A 일반적인 요양보호사 교육과정이 아니라 속성반에서

공부했어요. 일반 과정이 24주에서 26주 정도로 반년 걸리는데, 제가 거친 과정은 12주였어요. 1주일에 두 번, 오전 9시부터 오후 4시 반까지 밀도 높은 수업을 하고 과제가 많았죠.

수업 내용은 필수과목 공부하고 교실에서 하는 실습이에요. 실습은 학습 내용에 대한 이해도를 높이는 과정이죠. 과제는 이론 문제가 반이고, 나머지는 사례 연구였어요. 이론과 지식을 가르치고 이걸 상황에 적용하는 요령도 숙지시키고, 학습 내용을 다시 실습시켜서 충분히 준비하게 한 다음에 요양원에 현장 실습을 내보내요. 요양원에서 4주, 120시간 실습하면 자격증이 나와요. 교육과정이 체계적이고 실용적이라서 정말 좋더라고요. 강사는 50대 호주인인데, 간호사로 오래 일한 분이었어요. 정석대로 깐깐하게 가르치는 사람이라 그때 잘 배워서 현장 적응을 잘했지요.

몇 주 간격으로 치르는 시험 때는 백지랑 연필만 주더라고요. 대학 때 기말시험 보는 심정으로 공부했잖아요. 일해 보니까 그 과정들이 실제로 큰 도움이 돼요. 장애인 지원사랑 요양보호사는 교육과정이 비슷한데, 학교나 강사에 따라 교육의 질은 차이가 나는 것 같아요.

Q 요양원 대신 가정방문을 통해 일하는 이유가 있나요?

(A) 요양원 노동시간이 보통 하루 여덟 시간이에요. 아침 근무를 오전 7시에 시작하고, 오후 근무는 밤 10시쯤 끝나요. 그런데 제 아이들이 초등학교 6학년, 2학년이라 돌봄이 필요해요. 그래서 일하는 시간이 잘 맞지 않더라고요. 남편도 아침 일찍 출근해야 하거든요.

아이들이 어린 지금은 가족에 맞춰 살아야 할 것 같고, 허리가 안 좋아서 요양원 일은 못 해요. 가정방문 요양사와 장애인 지원사 일이 잘 맞아요. 아이들이 학교에 가 있는 시간, 제 자투리 시간에 유연하게 일할 수 있으니까요.

(Q) 나와 안 맞는 고객을 거부할 수도 있나요?
(A) 이 일의 장점 중 하나는 저랑 잘 안 맞는 고객은 언제든 지원을 그만둘 수 있다는 거예요. 돌봄 제공자와 돌봄 대상자가 잘 맞지 않을 때 돌봄을 절대 강요하지 않아요. 에이전시에서 첫 출근 전에 하는 오리엔테이션에서도 꼭 주지시켜요. 고객의 성향이 다르듯 요양사의 성향도 다르니까, 나와 안 맞는 고객이 다른 요양사하고도 안 맞을 거라고 판단하지 말 것 그리고 불편한 고객을 억지로 돌보지 말 것. 지원 갔다가 잘 안 맞을 경우 다음부터 안 가면 되니까 스트레스가 없어서 좋아요.

에이전시가 이런 상황을 자연스럽게 받아들이고 구구절절 설명할 필요도 없이 고객을 바꿔 줘요. 가정방문 돌봄은 일대일 지원이니까, 나랑 안 맞는 고객을 억지로 받아야 한다면 너무 힘들 거예요.

Q 한국에 비해 호주는 장애인이나 고령자 돌봄 쪽에 젊은 사람이 많잖아요. 그 이유가 뭘까요?

A 한국과 호주는 노동 문화와 직업에 대한 인식이 달라서 비교하는 의미가 없는 것 같아요. 한국은 학벌과 학력 중심 사회지만, 여기는 기술학교가 많아요. 공부하기 싫은데 굳이 대학에 갈 이유가 없고, 어떤 일이든 시급이 좋잖아요. 몇몇 직업을 빼면, 대학 나온 사람하고 그렇지 않은 사람의 임금 차이도 거의 없어요. 호주에서 소수의 최상위 계층을 뺀 평범한 사람들의 일상에서는 정말로 직업 간 차별이 없는 것 같아요.

Q 이민자 신분으로 가정방문 요양사나 장애인 지원사로 일하는 데 어려움이 있나요?

A 호주가 다문화 사회잖아요. 제 고객 중에 30퍼센트 정도는 영국계 호주 토박이인데, 아직까지는 한 번도 저에 대한

무시나 차별이 없었어요. 오히려 저의 작은 돌봄, 제가 돈을 받으면서 당연히 하는 일에 다들 고마워해서 너무 놀랐어요. 이분들은 '고맙다'는 말을 습관처럼 하는 것 같아요. 한마디로 전 지금 직업에 대한 만족도가 아주 높습니다.

Q 급여에 만족하나요?

A 에이전시마다 시급이 조금씩 다른데, 전 두 곳의 에이전시를 통해 일하고 있어요. 가정방문 요양사 시급은 39.40달러, 장애 전문 에이전시를 통해 일할 때의 시급은 43달러예요. 물론 밤이나 주말에 일하면 더 많이 받죠. 파트타임 정규직은 비정규직에 비해 시급이 적다고 하니까 적당해 보여요. 저희 가정은 남편의 고정 수입이 있고, 제 수입은 보조하는 경우라서 주당 노동시간이 적어도 상관없어요. 그런데 싱글맘이나 싱글 대디가 비정규직으로 일한다면 경제 상황이 어려울 수 있겠다는 생각이 들어요. 아무래도 비정규직은 충분한 노동시간을 일정하게 확보하기가 어려우니까요. 저도 만약에 남편이 일할 수 없는 상황이 온다면 요양원에서 파트타임 정규직으로 일해야 하지 않을까요?

K와 인터뷰할 때 내가 질문하면 마치 거울 속 내가 대답하는

것 같다는 착각에 빠졌다. K는 내가 만난 수많은 한국 이민자 중 드물게 나와 똑같은 호주 생활 예찬론자이자 요양보호사와 장애인 지원사라는 직업 예찬론자이다. 직업에 대한 K의 열정이 오랫동안 이어지기를 바라며 불도저처럼 전진하는 K 앞에 펼쳐질 미래를 응원한다.

- 2부 -

엄마를 돌보는 마음으로

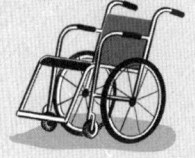

안전, 안전 또 안전

"스스로 몸을 전혀 움직일 수 없는 입주 어르신을 휠체어로 이동시킬 때 왜 기중기를 써야 하는지 설명해 봐요."

요양원 서류 심사를 통과한 뒤 치른 면접에서 매니저인 레이철이 질문했다. 예상 문제다. 돌봄 일을 한 지 3년이 돼 가는 동안 면접을 다섯 번 치렀고, 모든 면접에서 꼭 등장한 문제가 바로 돌봄 제공 시 왜 올바른 자세와 안전한 작업 방법을 준수해야 하는지에 대한 것이다.

요양원 일은 대부분 수동 작업, 즉 밀고 당기고 들어 올리고 구부리는 등 몸을 직접 쓰는 것들이다. 그래서 상황에 맞는 올바른 자세를 유지하고 규정에 맞는 안전한 작업 방법을 실천하는 일은 요양보호사의 근골격계 부상을 예방하는 한편 고령인 돌봄 대상자의 안전을 지키는 데 반드시 필요하다. 그렇다 보니 장애인 지원사 자격증, 요양보호사 자격증 공부에서 산업 보건 안전(Occupational Health and Safety) 교육은 필수다. 그렇게 공부하고도 실제로 일할 요양원에서 다시 교육받아야만 일을 시작할 수 있다. 참고로, 요양원에서 중시하는 산업 보건 안전 교육은 기계 사용법, 개인 보호 장비 착용에 대한 규정과 사용법, 무거운 물건을 들어 올릴 때의 자세, 화재 대피 절차, 사고 발생 시 보고 절차 등 다양한 내용을 다룬다.

2014년에 내 교직 생활을 마무리한 곳은 중학교다. 어느 봄날, 수업을 끝내고 나와 보니 교무실이 어수선했다. 행정 업무를 처리하느라 켜 둔 노트북에서 흘러나오는 속보에 동료 교사들이 눈을 고정하고 있었다. 인천에서 제주도로 수학여행을 가던 아이들이 탄 세월호라는 배가 침몰하고 있다고 했다. 하지만 연이은 수업에 들어가면서 난 전혀 걱정하지 않았다. 다음 수업을 마치고 나오면 아이들이 무사히 구조되었다는 뉴스가 나올 거라고 생각했다. 한국이 아무리 안전 불감국, 재난 공화국같이 불명예스러운 별명이 있는 나라라도 세상 어디보다 일 처리를 빨리 하지 않나? 게다가 숱한 시련에 단련된 민족인데, 고등학생 몇백 명이 눈앞에서 죽어 가는 모습을 두 손 놓고 지켜볼 리 없다고 믿었다.

안일한 내 추측은, 다음 수업을 마치고 나오자마자 엉터리라는 걸 알게 되었다. 사망한 교사, 아이 잃은 부모 심정에 수시로 동화돼 한동안 눈물 마를 날이 없었다. 그 뒤로 학교라는 공간은 오랫동안 침울했고, 자라나는 아들이 걱정됐다. 국가가 아들을 지켜 주지 못할 거란 불신이 끝도 없이 자랐다. 한국이 좋다던 남편도 세월호 참사에는 완전히 넋이 나간 듯 이민 준비를 하자고 했다. 능력 있는 IT 기술자에 영어 능통자로 타국에서도 반길 만한 역량과 경험을 갖춘 젊은 노동자인 남편의 우수한 이민형 스펙 덕분에 1년 만에 호주 영주권을 받았다.

이민 초기 내가 보기에 호주는 안전에 관한 인식이 확고하고 법은 아주 구체적이며 엄격했다. 한국 출신 이민 선배들이 들려준 문화 충격은 끝도 없었다. 먼저 호주에서는 12세 미만 어린이를 집에 혼자 장시간 방치하는 게 불법이다. 싱글맘 지인이 초등학교 저학년인 아들을 혼자 두고 일하러 간 사이에 이웃이 신고해서 경찰이 출동했다는 말도 들었다. 길에 있는 자전거를 훔칠 수 없는 이유 중 하나가 헬멧 없이 자전거를 타다 적발될 때 벌금이 두려워서라는 농담 같은 이야기, 정육점에서 닭볶음탕용으로 닭을 잘라 달라고 요청했다가 손가락을 다치면 어떡하냐며 정신 나간 사람 취급을 당했다는 이야기가 줄줄이 사탕처럼 이어졌다. 그리고 이민 새내기인 내게 주의를 줬다.

"호주에선 법만 잘 지키고 살면 아무 문제 없어. 또 그 법이 상당히 합리적이야."

법대로 살면 바보 취급 당한다는 한국에서 살았지만, 천만다행으로 우리 부부는 법을 순순히 따르는 편이라서 잘된 일로 여겼다.

아들이 학교에 들어가면서 두 나라의 문화를 비교하는 재미가 더 쏠쏠해졌다. 내가 보는 호주와 한국 학교의 안전 의식은 달라도 너무 달랐다. 학부모 자원봉사자를 모집하길래 참여하려고 했더니 아동 보호 신원 확인(Working with Children Check, 호주에서 어린이와 관련된 일이나 봉사를 하려는 사람이 반드시 거쳐야 하며 아동의 안전을 보장하기 위한 신원 확인 절차다.) 카드를 제출하라고 했다. 카드를 제출하니 이번에는 학교에서 시행하는 산업 보건 안전 안내 교육을 받으라고 했다. 아들이 다니는 학교 건물의 비상구와 재난이 발생했을 때 대피할 장소, 보건실의 위치와 응급 상황 시 연락 체계, 범죄

나 테러 발생 시에 학교를 봉쇄하는 상황에 대한 매뉴얼, 심지어는 가정 폭력이나 성폭력을 당한 것으로 의심되는 학생을 발견했을 때의 대처 매뉴얼까지 안내했다.

아들이 다니는 학교에서 한 번은 지역 커뮤니티와 함께 다양한 행사를 열고 각국의 음식을 판매하는 큰 규모의 축제가 열렸다. 넓은 잔디밭에 설치된 각종 놀이기구 옆에 구급차가 있고 구급대원이 아이들 노는 모습을 지켜본다. 심지어 카운슬에서 나온 공무원은 온도계를 들고 다니면서 가판대에 놓인 따뜻한 음식의 온도를 확인했다. 식중독 예방 조치였을 것이다.

호주의 깐깐한 안전 규정과 안전 의식 그리고 이를 실천하는 구성원들을 보고 완전히 넋이 나갔다. 내 모국에서는 침몰하는 배에 있는 아이들을 방관했는데, 타국에서는 혹시라도 닥칠 안전사고를 철저히 대비하고 있었다. 눈물이 날 지경이었다. 몇 년 살다 보니 처음엔 강박 같던 호주의 안전 의식이 자연스럽게 느껴졌다. '이렇게 사소한 것까지 가르쳐야 하나?' 싶던 마음도 '당연히 작은 것부터 조심해야지!'로 바뀌었다.

요양원 일을 시작할 때 가끔 선배 요양보호사들에게 주의를 받았다. 한국인 사이에서라면 평균적인 속도로 살아가는 내가 다른 나라 출신 요양보호사와 비교하면 너무 분주했기 때문이다.

"서두르지 말고 일해. 네가 다치고 입주자 어르신도 다칠 수 있어."

걸을 수는 없어도 다리에 힘이 남아 있어서 사라 스테디(Sara Stedy)라는 이동 보조 기구를 쓰는 할아버지의 화장실 이동을 혼자서 지원했다가 야단맞았다.

"기구를 쓸 때는 꼭 요양보호사 두 명이 필요한 거 몰라? 너 그러다 다치고 해고당할 수도 있어. 안전 규정은 배운 대로 지켜야 해."

침대의 다양한 기능을 몰라서 힘으로 입주자의 자세를 바꾸려다가 주의를 받기도 했다.

"루아나, 힘을 써서 일하면 오래 못 해. 입주자의 안전 못지않게 네 안전도 늘 염두에 둬야 해."

놀랍게도 이런 말들이 정말 고맙고 반가웠다. 더 빨리 일하라고 다그치지 않아서, 화장실에 가고 싶어 하는 할아버지를 앞에 두고 너무 바쁜 동료를 기다리다 혼자 일했다고 칭찬받지 않고 야단맞아서, 입주자만이 아니라 요양보호사의 건강과 안전도 중시하는 노동환경이라서 다행이었다.

호주 요양원의 일은 종일 기계 돌리기라고 할 수도 있다. 목욕 의자, 휠체어를 비롯해 사라 스테디, 기립기, 기중기, 이동식 안락의자 같은 기기를 근무시간 내내 작동해야 한다. 몸을 전혀 움직이지 못하며 한국 요양원에서 돌봄을 받는 내 엄마는 이동할 때 요양보호사 두 명이 직접 들어 옮긴다고 했다. 물론 엄마가 여자고 말라서 그리 무겁진 않겠지만, 여기에서는 엄마처럼 스스로 휠체어나 목욕 의자로 이동할 수 없는 분을 옮길 때 요양보호사가 알맞은 기계 대신 직접 몸을 써서 이동하는 일은 원칙적으로 금지되며 사실상 산업 보건 안전법 위반에 해당한다. 기계를 쓰는 것이 돌봄 제공자와 돌봄 대상자의 안전을 지키는 가장 좋은 방법이기도 하고, 기계를 쓰지 않는다면 침대에서 지내는 어르신이 꼼짝없이 종일 누워만 있어야 할 가능성이 높다는 뜻이기 때문이다. 욕실에서 목욕할 수 없고, 제때 화장실에 앉혀 드리면 스스로 배변할 수 있는데도 기저귀에 변을 봐야 하고, 식사도 침대에서만 해결해야 할 가능성이 높다는 뜻이기도 하다.

요양원에서 고령의 입주자가 몸을 스스로 움직이거나 보행하는 능력을 물리치료사가 평가하고 적절한 기계를 정해 주면 요양보호사가 이에 맞춰 돌봄을 제공한다. 아침에 침대에서 화장실로 이동할 때는 기립기, 낮에 휠체어에서 화장실로 이동할 때는 사라 스테디를 쓰는 입주자가 있는 반면, 온종일 기중기로 이동해야 하는 입주자도 있다. 가장 가까이에서 전반적인 돌봄을 제공하는 요양보호사가 입주자의 신체 기능이 악화했다고 판단해서 간호사와 물리치료사에게 알리면, 이들이 재평가한 뒤 다른 기계를 제안한다.

호주 노인의 체형은 인종만큼이나 다양하다. 바짝 마른 아시아 노인도 있지만, 어지간한 비만은 명함도 들이밀지 못한 만큼 거구인 분이 성별과 상관없이 많다. 입주자의 몸이 가볍든 무겁든, 왜소하든 거대하든 혼자 몸을 돌릴 수 있는지, 일어설 수 있는지, 걸을 수 있는지 등을 살피고 몸의 기능이 남아 있는 정도에 맞춰 기계를 쓰는 게 원칙이다. 문제는, 기계를 써도 몸무게가 50킬로그램인 어르신을 옮기는 일과 100킬로그램인 어르신을 옮기는 일은 돌멩이와 바위만큼이나 차이가 난다는 점이다. 몸집이 큰 노인의 이동을 매번 기계 없이 도우라고 하면 천하장사라도 달아나지 않을까 싶다.

나는 오늘도 피트니스 센터에서 덤벨을 들어 올린다. 돌봄 노동을 하며 먹고살겠다고 결심하고 나니 체력 단련이 생존의 문제로 다가왔다. 내 체력은 지속적인 임금 입금과 직접 연결되어 있다. 일하는 8시간 중 6시간쯤 지나면 급속도로 집중력이 떨어지고 팔에 힘이 빠져서 입주자나 나의 안전이 걱정되곤 했다. 모두의 안전을 위해 1주일에 적어도 네 번은 운동하러 간다. 중년에 접어드니 근육을 키우는 일도 젊을 때 같진 않아서, 그나마 있는 근력을 잃지 않는 데 목표를 두고 산다. 오늘도 잠자리에 들기 전에 '근테크'에 관한 유튜브 속 선생님들의 말씀에 귀를 기울인다. 평생 재테크에 무심했으니, 이제 근테크라도 실천하면서 살겠다고 다부지게 결심한다.

엄마를 돌보는 마음으로

요양보호사 세 명이 달라붙었다. 내가 일하는 요양원에서 치매 증상이 가장 심한 입주자 B를 아침마다 씻기는 일은 결연한 마음가짐이 필요하다. 흔히 말하는 착한 치매에 속하는 B는 옷을 갈아입히고 씻길 때 돌변한다. 소리 지르고 화를 내며 완강히 버틴다. 피지 출신인 B가 하는 말을 정확히 이해하지 못하지만, 셋씩이나 달려든 우리가 본인 뜻에 안 맞는다는 것 말고 뭐가 있겠나?

달래고 어르다 이성적으로 목욕의 필요성을 피력해 보고, 노래와 춤을 좋아하는 B를 위해 중년의 요양보호사들이 노래도 하고 몸을 들썩이기도 해 보지만 통하지 않는다. 옷을 벗기고 욕실로 가는 데만 몇십 분이 걸린다. 옷을 안 벗겠다고 바짓가랑이를 꽉 쥐는 B의 손에 내 손목을 내준다. 그 사이 다른 요양보호사가 바지를 내리고 똥이 새어 나온 기저귀를 벗긴다. 입맛이 좋아서 식사는 물론이고 간식도 싹싹 드시는 B는 인풋에 비례해서 아웃풋도 엄청나다. 마지막 요양보호사는 윗옷을 벗기느라 씨름한다. 신체장애나 특별한 질병 없이 치매로 요양원에서 사는 B는 힘이 장사다. 이 아비규환의 순간에 머릿속에 불길함이 스친다. '이러다 내 손목 부러지는 거 아냐?'

아침에 B의 방에 들어가면 퀴퀴한 똥 냄새가 가장 먼저 반긴다. 매일 요양보호사 세 명이 달라붙어 씻겨도 기저귀에 변을 보는 B에게서는 냄새가 가시지 않는다. 씻기를 너무 싫어해서 우리 손길을 모조리 거부하는 판에 깨끗하게 씻기기란 애당초 완수하기 힘든 과제다.

"인간이 세상에서 제일 흥미롭지?"

목욕을 겨우 마치고 이마에 송송 맺힌 땀을 닦으면서 동료 수전이 말한다. 수전은 이 요양원에 오기 전에 치매 노인들만을 위한 요양원에서 일한 돌봄의 신이다. 혼잣말인지, 나한테 한 말인지 아리송한데, 내가 요양보호사로 일하면서 하루도 빠짐없이 하는 생각과 같다. 세상에 인간만큼 지루하지 않고 영원한 호기심을 자극하는 존재가 또 있을까? 그래서 철학을, 인문학을, 심리학을 공부하는 사람들이 있나 싶다. 가장 오묘하고, 가장 신비하고, 가장 위대하고, 가장 난해하고, 가장 실망스럽기도 한 존재, 인간.

'벽에 똥칠하며 산다'는 말을 어릴 때 시골에 살면서 들었다. 1980년대 한국의 산골 마을엔 벽에 똥칠하는 어르신이 가끔 있었다. 돌봄에 대한 사회적 인식과 위생, 의료와 복지 수준이 현저히 낮던 시대니 도시라고 해서 크게 다르진 않았을 듯하다. 당시 어린 나에겐 현실감 없는 일이었다. 유년기를 이미 거친 사람이 자기 똥을 처리하지 못한다는 말도 이해되지 않는데, 더러운 똥을 왜 벽에 칠한단 말인가?

돌봄 노동에 몸담고 치매 어르신들을 보면서 벽에 똥칠한다는 말이 사실이란 걸 알았다. 남의 똥 치우는 일을 마다하지 않는 요양보호사들이 없다면, 애초에 요양원 같은 시설 자체가 존재하지 않는다면, '고령화 시대'니 '초고령화 시대'니 하는 말이 일상의 화두가 되는 세상에서 벽에 똥칠하는 분이 넘쳐 날 터다.

어르신 한 분 목욕에 요양보호사 세 명이 달라붙어야 하는데, 요즘처럼 핵가족화를 넘어 1인 가구가 늘어나는 시대에 집에서 치매 어르신을 매일 아침 씻길 가족이 얼마나 될 것이며 그렇게 할 만한 역량 있는 사람이 얼마나 될까? 어르신들을 돌보면서 알게 된 사실 하나는 씻기를 싫어하는 노인이 특히 많다는 점이다. 추운 겨울에는 더 말할 것도 없다.

"목욕 한번 시키려면 아주 징글징글해."

2년 동안 누워 지내다 돌아가신 아버지를 시골집에서 혼자 간병한 엄마가 가끔 말씀하셨다. 엄마는 아버지가 자리보전하기 전에 이미 3년 동안 당신의 어머니, 나에게는 외할머니를 같은 집에서 간병했다. 2000년대 초, 엄마는 침대도 없이 방바닥에 붙어 외할머니와 아버지의 마지막을 보살폈다. 외할머니가 돌아가시고 엄마가 허리 좀 펴고 사나 했더니 바로 아버지가 몸져누웠다.

"이놈의 팔자는 늙어도 징글맞네."

간병에 지친 엄마가 가끔 신세를 한탄했다. 평생 채식과 소식을 하고 몸집이 작던 외할머니와 달리 아버지의 몸은 엄마에게 너무 무거웠다. 그때 젊던 나는 돌봄과 간병이 뭔지, 치매가 뭔지, 죽음이 뭔지 모르는 철없는 딸이었기 때문에 엄마의 돌봄 노고를 이해하기는 난망했다. 교사가 대단한 직업인 줄 알고 평생 남을 돌보는 일과는 무관하게 살 거라고 착각하고 있었다. 평생 돌봄만 받다 가는 인생이 없고, 평생 돌봄을 주기만 하다 가는 인생도 없다는 각성은 늦게 찾아왔다.

요양보호사란 직업은 육체노동과 정신노동을 같이 한다. 몸을 움직일 수 없어서 또는 치매 같은 병이나 통증 같은 여러 불운한 이유로 요양원에 온 사람들이 모두 한없이 인자하진 않다. 짜증과 불만과 분노가 솟구치는 사람도 가끔 있다. 돌봄을 받다 지나치게 화를 내고 짜증을 쏟아 내는 분은 동료들이 번갈아 지원한다. 정신 건강을 돌보는 방법이다. 그분이 내 가족은 아니니까 감정적 거리를 유지할 수 있고, 하루에 정해진 시간만 일하고 서로 돕는 동료가 있으니까 그나마 정신을 돌보면서 일한다.

엄마는 지금 한국의 요양원에 계신다. 외할머니와 아버지의 노후를 돌보고 간병하던 당신이 이제 요양원에서 가족 아닌 요양보호사의 돌봄으로 삶을 이어 간다. 부디 엄마가 매일 만나는 요양보호사들이 너그럽고 친절하기를, 엄마를 아끼며 따뜻한 손길로 돌봐 주기를, 언어를 잃은 엄마에게 예의를 갖춰 주기를 바라는 마음이 간절하다. 가족의 치매와 간병 돌봄이 얼마나 고된지를 삶으로 자각하게 된 지금, 그 돌봄을 혼자서 오롯이 오랫동안 실천한 엄마에게 합당한 돌봄이 제공되기를 바란다.

새벽 출근길, 나도 요양원에서 만나는 어르신들을 돌볼

때 엄마를 돌보는 마음으로 최선을 다하겠다고 다짐한다. 내 돌봄의 질을 살핀다. 마음가짐, 자세와 태도, 상냥한 표정을 떠올린다. 지금 내가 제공한 돌봄이 미래에 내가 받을 돌봄이라고 여긴다. 그리고 마치 엄마를 대하듯 손을 포개고 아침 인사를 전한다.

"할머니, 좋은 아침이에요."

애정이 안 생겨도 미워하지 않기

밤 9시 45분, 몰골이 말이 아니다. 체력의 한계를 넘어선 고강도 노동에 몸이 지치다 못해 비명을 지르는 듯하다. 지쳐 굽은 허리에 머리는 헝클어지고 눈은 충혈되었으며 얼굴빛은 핏기 하나 없이 잿빛으로 창백하다. 물 한 모금 마실 틈조차 없어 바싹 말라 갈라지는 목소리에도 힘이 전혀 없다. 지난 4개월 동안 요양원에서 일하면서 몸에 밴 노동을 기계처럼 반복적으로 수행하고 있을 뿐이다. 지금 당장 요양원 방 한 칸에 들어가 누워도 전혀 이상하지 않을 만큼 나는 이미 입주자의 모습이다.

오후 2시 45분에 오후 근무를 시작해 어느새 일곱 시간째 쉬지 않고 일하고 있다. 오늘 오후에는 요양보호사 여덟 명이 출근해야 했지만, 그중 세 명이 나오지 않았다. 요양원에서는 이렇게 정해진 인원이 채워지지 않은 날 스트레스가 가장 크다. 대부분 어쩔 수 없는 사정 탓이다. 당일 아침에 갑작스럽게 아프거나 출근길에 교통사고가 나거나 집에 급한 일이 생긴 것이다. 요양원에서 정규직이든 비정규직이든 급히 연락하며 충원해 보려고 하지만, 늘 운이 따르는 것은 아니다. 결국 부족한 노동력은 요양보호사와 간호사, 입주자의 약 복용을 돕는 직원 들이 힘을 합쳐 온몸으로 메워야 한다. 요양보호사의 수가 부족하든 충분하든 어르신들은 변함없이 화장실에 가야 하고, 식사해야 하고, 약을 드셔야 하고, 기저귀를 갈아야 하고, 옷을 갈아입어야 한다는 당연한 사실 때문이다.

퇴근 15분 전. 기다리고 기다리던 밤 10시, 퇴근이 코앞이다. 퇴근한다는 기대 없이 고강도의 돌봄 노동을 버티는 건 불가능에 가깝다. 몸이 점점 축날 때 버티게 해 주는 건 곧 퇴근한다는 희망 그리고 동료가 건네는 "고마워!" 한마디다.

"고마워!" 요양원에서 요양보호사들은 이 짧은 인사를 수시로 주고받는다. 마치 노동요나 추임새처럼, 이 한마디 인사가 우리만의 리듬이 되고 힘을 북돋는 응원이 된다. 격렬한 육체노동과 극심한 정신적 피로가 일상인 이곳에서 서로 지지하고 격려하는 가장 일상적이고도 인간적인 방식이다.

요양원에서 일한 지 100일이 넘어가니 "고마워!"가 입에 착 달라붙었다. 기중기를 같이 밀고 나서도 "고마워!", 어르신의 몸을 좌우로 돌려 가며 기저귀를 간 뒤에도 "고마워!", 본인 힘으로 못 서는 어르신을 둘이 힘을 합쳐 화장실 의자에 앉히고 나서도 "고마워!". 이제 입에 "고마워!"가 자동 충전돼 살짝만 자극해도 언제든 튀어나온다. 일이 워낙 고되다 보니, 이 고됨을 함께 버티는 사람에게 자연스레 동료애가 샘솟고 진심 어린 인사가 터져 나온다.

요양원은 요양보호사들이 짝을 지어 일하는 곳이라, 그날그날 함께 일하는 동료가 노동의 질을 좌우한다고 해도 과언이 아니다. 일머리를 잘 파악해 어르신의 요구에 유연하게 대처할 줄 아는 동료와 손발을 맞춰 일하면, 신참으로서 배우는 게 많고 일이 수월하게 진행된다. 물론 고참으로서는 나 같은 신참과 일하는 게 고될 수 있겠지만, 누구에게나 신참 시절은 있으니까 그러려니 하고 넘어간다.

입주 어르신 중에도 고맙다는 말을 입에 달고 사는 분이 있다. 요양보호사의 크고 작은 손길마다 고마움을 표현해 주는 분을 돌볼 때는 힘이 절로 나고 즐겁다. 하지만 언어와 인지 기능을 거의 잃거나 고통이 너무 커서 고맙다는 말 한마디 내뱉을 여유조차 없는 분도 종종 있다. 그럴 땐 동료끼리 더 자주, 더 크게 "고마워!"를 주고받는다. 마땅히 받아야 할 인사를 놓친 자리, 동료끼리라도 서로 챙겨 주자는 마음이 아닐까 싶다.

80대 나이로 몸을 전혀 못 쓰는 호주 토박이 할아버지 R. 퇴근 전 마지막으로 기저귀를 갈아드려야 할 어르신이다. 요양보호사들의 기피 1순위 입주자다. 균형 잡힌 몸에 뱃살 하나 없지만, 190센티미터가 넘는 장신에 건장한 체격이라 몸무게부터 만만찮다. '요양보호사를 채용할 때 체력과 체격 검사를 도입해야 하지 않을까?' 키가 160센티미터를 겨우 넘고 지칠 대로 지쳐 있는 아시아 출신 요양보호사인 내가 R의 방문을 두드리며 하는 생각이다.

"너희가 제대로 못 해서 내 발이 침대 밑으로 나오잖아."

"R 발음 틀렸어. 그건 내 이름이 아니야."

기가 막힌다. R의 발이 침대 밑으로 내려오는 건 우리 잘못이 아니다. R은 항상 침대 머리를 15도쯤 세운 상태에서 고개를 왼쪽으로 기울인 자세를 고집한다. 이유는 알 수 없다. 어쨌든 이런 자세 때문에 R이 조금씩 침대 아래로 미끄러진다. 발이 빠져나오는 건 그나마 나은 편이다. 가끔은 R이 침대에서 떨어져 간호사와 요양보호사 들을 식겁하게 만든다. 낙상도 걱정이지만, 기중기로 그를 다시 들어 올려야 한다는 생각만으로도 아찔하다.

참고로, 호주 요양원에서는 입주자가 낙상했을 때 간호사가 확인한 뒤 반드시 기중기를 이용해서 들어 올려야 한다. 그래서 R의 침대는 늘 최대한 바닥까지 낮추고, 낙상 시 부상을 방지하기 위해 양옆에 두툼한 매트를 깔아 둔다. 워낙 덩치가 크다 보니 한번은 침대에서 떨어지고 침대와 벽 사이에 낀 채 손을 떨면서 이렇게 말했다.

"나를 언제 침대로 옮길 거야?"

"너희들이 침대에 옮길 줄이나 알아?"

R을 돌볼 때는 늘 두 사람이 필요하다. 스스로 몸을 움직이지 못하니까 음식을 먹여드릴 때 말고는 옷을 벗기고 씻기고 기저귀를 갈고 이동식 안락의자에 앉히는 등 모든 과정이 두 사람의 손을 거쳐야 한다. 육체적으로 고된 건 기본이고, 정신적으로 한순간도 긴장을 놓을 수 없다. 그는 요양보호사나 간호사에게 비아냥을 일삼고, 무례한 말을 던지며, 신체적 공격까지 서슴지 않는다. 한 남자 동료는 R의 기저귀를 갈다 맞아서 귀밑이 찢어졌고, 나는 팔목을 강하게 잡혀서 놀란 적

이 있다. R의 큰 손에 밀쳐진 동료는 한둘이 아니다. 그러니 R에게 고맙다는 인사말은 아예 기대도 안 한다. 그저 밤 10시에 무사히 퇴근할 수 있길 바랄 뿐이다.

"너흰 일을 제대로 할 줄 몰라."

"내 몸에 손도 대지 마."

불길한 예감은 틀리지 않는다. 우리가 들어서자마자 R이 불쾌감을 드러낸다. 격주로 화요일 저녁에 같이 일하는 플린이 기저귀를 벗기려 할 때 R이 그 팔을 잡아 꽉 움켜쥔다. 짐바브웨 출신인 플린은 10년 넘게 요양보호사를 한 50대 중반의 베테랑이다.

"지금 기저귀 갈아드리는 거예요. 이 손 놓으세요. 지금 저를 다치게 하는 거예요."

"내 몸에 손대지 마."

"지금 기저귀에 대변도 보셨어요. 안 갈면 밤새 냄새 나서 못 주무세요."

"간호사 불러."

"간호사는 약 주느라 바빠요. 기저귀 갈 시간이 없어요."

두 사람의 대화를 듣다가 나도 모르게 웃음이 터진다. 만담인가, 블랙코미디인가, 부조리극인가? 장르 구분이 안 되는 상황. 아마 오후 3시쯤, 근무 시작 직후라면 참을 수 있었을 것이다. 하지만 이때는 밤 10시가 다 돼 몸의 에너지를 다 써 버린 상태다. 웃음을 멈출 힘조차 남아 있지 않았다.

그런데 웃음이 R의 심기를 건드렸다. 그가 내 팔목을 때렸다. 결국 지친 플린도 한마디 했다.

"우리가 일을 못한다셨으니까 직접 보여 주세요. 어떻게 기저귀를 가는지 알려 주세요."

"난 못 해. 너희가 해야지!"

실랑이를 하다 10분 넘게 흘렀다. 속이 바짝바짝 탄다. 요양보호사에게 '칼퇴근'은 생명이다. 제때 밖에 나가 신선한 공기를 들이마시지 않으면, 폐가 시커멓게 굳어서 작동을 멈출 것만 같다.

마침내 R이 기저귀를 움켜쥐고 있던 손을 놓는다. 내가 그의 어깨와 엉덩이를 붙잡고 몸을 돌린다. 플린은 반대편에서 똥 기저귀를 걷어 낸다. 그 순간…….

"으악!"

R이 그대로 소변을 본 것이다. 침대에 소변이 흥건하다. 이런 낭패가 없다. 물론 우리에게는 오줌 치우는 일쯤이야 대수롭지 않다. 문제는, 퇴근 시간이 점점 늦어진다는 사실이다.

플린과 나는 번개같이 움직인다. 큰 수건을 몸 밑에 깔고,

오줌에 젖은 잠옷을 벗기고, 새 기저귀를 채운다. R의 몸을 양쪽으로 돌려 가며 침대보를 간다. 지칠 대로 지친 우리 입에서 깊은 한숨이 절로 나온다. 이 와중에도 R은 독설을 퍼붓는다.

"너흰 제대로 하는 일이 없어."

정리를 마치고 방을 나설 때 난 영혼이 탈탈 털린 기분이다. 그런데 플린은 끝까지 프로다.

"안녕히 주무세요!"

웃으며 인사하고 문을 닫는다.

플린에게 물었다.

"도대체 저분 정체가 뭐야?"

"양극성기분장애(조울증)야. 어떤 날은 증상이 심하고, 좀 덜한 날도 있어. 이제 이해되지?"

양극성기분장애라면 얼마 전 재미있게 본 한국 드라마 〈정신병동에도 아침이 와요〉 첫 회에서 강렬하게 다룬 정신질환이다. 드라마나 책을 통해서만 접하던 양극성기분장애 환자를 내가 직접 돌보고 있다니. 돌봄 노동이 얼마나 파란만장한지를 실감한다. 내가 만나는 어르신들 삶의 스펙트럼은 정말이지 놀라울 만큼 폭이 넓다.

나는 '장애'와 싸우지 않는다. 장애는 그냥 장애일 뿐이다. 내가 노란 피부로 태어나듯 장애도 당사자가 선택하거나 통제할 수 있는 게 아니라는 사실을, 수많은 장애인 고객을 만나면서 점점 더 깊이 깨닫는다. 그래서 나는 결심했다. 더는 R을, 그의 장애를, 그가 살아온 시간을 원망하지 않기로.

R에게 언제부터 양극성기분장애가 나타났는지는 알 수 없다. 80여 년이라는 긴 세월을 독신으로, 정신장애인으로 살아온 그의 인생을 내가 감히 상상할 수도 없다. 그가 어떤 말을 하든, 나는 그를 다른 입주자들과 마찬가지로 돌볼 것이다. 애정을 줄 수는 없을지 몰라도 미워하지는 않을 수 있을 것 같다. 요양원이 아니었다면, 돌봄을 주고받는 사이가 아니었다면 인종차별로 받아들일 만한 혐오 표현을 들어도 따지고 반박하는 대신 웃어넘길 수 있다. 사실 R은 나 같은 아시아인 요양보호사들에게 가끔 소리치며 말한다.

"내 눈앞에서 그 바나나 피부 좀 치워 버려!"

5년 만에 만난 엄마

2024년 6월 말, 짧은 일정으로 한국에 다녀왔다. 요양원에서 일하다 보니 한국 요양원에 계신 엄마가 자주 생각난다. 내가 한국에 살았다면 어땠을까? 엄마가 계신 요양원에 자주 찾아갔을까? 요양원에 가는 대신 나랑 살자고 할 용기가 있었을까? 지난 일에 대한 가정은 결국 후회나 반성의 산물이기 쉽다. 내가 한국에 살았으면 지금처럼 요양보호사가 되지는 않았을 가능성이 높고, 돌봄을 직업으로 삼지 않고서는 감히 엄마를 집에서 돌보겠다고 나서지 못했을 것이다.

사람이 일자리를 만들지만, 그 일이 사람을 만들기도 한다. 나는 돌봄 일을 하면서 돌봄에 익숙한 사람이 되었을 뿐이다. 돌봄 일을 하기 전 나에게 돌봄은 두려움을 불러오는 먼 미래의 일이었다. 난 10남매의 아홉째로, 엄마를 돌보고 중요한 결정을 내릴 언니 오빠가 줄줄이 있다.

딱 5년 만에 엄마를 만났다. 5년 만에 한국에 방문했다는 뜻이다. 감히 어떤 나라와도 견줄 수 없을 만큼 초고속 사회인 한국은 역시 화끈하게 변해 있었다. 태어나서 40년 넘게 살던 내 나라에 5년 만에 갔다가 문화 충격을 온몸으로 받았다. 호주 문화에 익숙해진 내 몸의 온갖 감각과 기준이 역문화 충격에 소스라친다. 아직도 열쇠로 문을 열고 잠그는 집이 대부분인 멜버른에 살다가 최신식 기술로 무장한 한국에 가면 난생처음 도시를 구경하는 섬사람처럼 어리둥절하다. 예약한 숙소에 들어가는 것부터 고난이다. 집주인이 보낸 안내문이 분명 한국어로 쓰여 있지만, 이해하기가 쉽지 않다. 공동 현관의 비밀번호는 왜 그렇게 긴지, 휴대전화 화면을 보면서 번호를 누르는 사이에 화면이 꺼지기 일쑤다. 겨우 집에 들어가도 전등이며 에어컨이며 도무지 작동법을 모르겠다. 혹시나 하는 불안감에 데려간 20대 조카에게 결국 도움을 청하게 된다. 작은 방 한 칸에 더 작은 욕실이 딸린 숙소에 멜버른에서는 본 적도 없는 온갖 최신식 기술들이 다 갖추어져 있다. 내 뇌의 용량 초과라서 사용법을 알고 싶지도 않다. 문득

내 장애 당사자 고객들이 떠오른다. 그리고 생각한다. '역시 장애는 사회적이고 문화적이야.'

한국이 변하는 속도만큼이나 빠르게 엄마가 노쇠해졌다. 오빠 집에서 지내다 요양원에 들어간 뒤 엄마의 온갖 기능이 놀라울 정도로 퇴화했다. 젊은이의 시간과 노인의 시간은 다른 속도로 흐른다더니, 한국을 겪는 만큼 놀라운 엄마의 변화에 어질어질하다. 아들을 키우는 순간순간이 희망이었다면, 노쇠한 엄마의 시간에는 퇴화와 질병과 상실이 자리 잡는다.

오빠 집에서 부드럽고 묽은 음식을 드시던 엄마가 요양원에 들어가면서 콧줄로 영양액을 받지 않고는 삶을 이어 갈 수 없는 상태다. 난 호주의 요양원에서 콧줄을 단 어르신을 만나 보지 못해서 엄마의 코에 달린 줄이 거슬리는데, 시어머니를 요양병원에 모신 지인의 말로는 한국에서 흔한 모습이라고 한다. 엄마는 다리의 기능도 다 잃어 요양보호사의 도움 없이는 침대를 한시도 벗어나지 못한다. 엄마를 돌보는 요양보호사 두 분이 엄마를 들어 올려 이동한 후 1주일에 두 번 목욕을 시킨다고 들었다.

"내 눈에 흙이 들어와도 아들 집에서 며느리랑은 안 살아."

뇌경색으로 쓰러지기 직전까지 입버릇처럼 이런 말을 하던 엄마가 당신의 다짐과 결의와는 아예 다른 노년을 살다 마지막에 자리 잡은 곳이 저렴한 요양원이다. 목욕을 하루에 두 번도 하고, 부지런해서 가만히 앉아 있질 못하며 동에 번쩍 서에 번쩍 하던 엄마가 이렇게 삶을 마감할 줄 누가 알았을까? "나이가 드는 것은 드넓은 저택에서 점점 작은 공간에 몸이 묶이는 것처럼 느껴진다. 하나하나 탐색해 보기를 즐겨 마지않던 방들의 문이 서서히 닫히는 기분"이라고 한 분자생물학자 벤키 라마크리슈난(Venki Ramakrishnan)의 말이 엄마에게 딱 맞는다는 사실이 마냥 서럽고 애통하다.

자식이 가는 곳이라면 지옥이라도 따라간다던 엄마는 5년 만에 찾아온 딸을 알아보지 못하고 말 한마디 나누지도 못한다. 중력에 내려오는 눈꺼풀을 이겨 내지 못하니 내 얼굴을 눈에 담지도 못한다. 내가 일하는 요양원에서 만나는 중증 어르신이 바로 내 눈앞의 엄마란 사실이 기막힐 뿐이고, 언젠가 내게 다가올 삶의 끝자락도 크게 다르지 않을 테니 겸손해진다.

내가 요양원에서 만나는 105세 할머니는 아직 인지 기능을 유지해서 인사만 해도 "안녕, 자기야! 고마워"를 연발하고, 95세의 깐깐한 할머니는 100세를 채우면 영국 버킹엄궁

전에서 축하 카드를 보내 준다고 100세 생일을 학수고대한다. 그런데 엄마는 허망하게 너무 일찍 갖가지 기능을 잃어버렸다. 이분들만큼 인지하고 몸을 움직일 수 있으면 얼마나 좋을까 하는 아쉬움이 크다.

엄마가 호주에 살았다면 좀 달랐을까? 어쩔 수 없이 부질없는 생각이 드는 순간이 있다. 엄마랑 똑같이 뇌경색으로 입원했다 퇴원하고 집에서 재활하는 어르신을 지원한 적이 몇 번 있다. 재활 기간 동안 정부에서 1주일에 두 번 요양사를 집으로 파견해 간단한 집안일과 목욕, 장보기 등을 돕는 데 내가 배정되었다. 여러 가지 재활치료에 전념 중인 80세 초반의 고객은 오른팔이 불편하고 말이 약간 어눌했다. 물리치료사, 언어재활사에게 회복에 필요한 도움을 받고 있어서 하루하루를 바쁘게 보냈다. 게다가 건강과 생활의 갑작스러운 변화로 심리적 불안이 일어날 수 있어서 심리치료사의 지원도 받고 계셨다. 정말 부러웠다.

뇌경색이 강타하기 전 엄마는 누구보다 건강하고 인지 능력이 뛰어나고 말을 잘하던 분인데, 내 고객처럼 적절한 재활치료를 받지는 못했다. 병원에서 나온 엄마에게 심리치료는 사치라 치고, 꼭 필요한 물리치료와 언어 재활치료조차 한 번도 받지 못했다. 의사는 초기 재활치료가 중요하다고 가족에게 권하지만, 많은 사람들이 재활이 뭔지 알지도 못할뿐더러 걷지 못하는 환자를 1주일에 몇 번씩 병원에 데리고 다닐 만큼 여유 있는 환경에 살지 못한다. 그때 엄마는 엘리베이터 없는 연립주택 3층에 살았으니, 장정 힘을 빌리지 않고서는 집 밖에 한 발짝도 못 나가는 신세였는데 무슨 재활을, 무슨 운동을 한단 말인가? 엄마도 내 고객처럼 의사가 치료사를 연결해 줬다면, 의사나 간호사나 치료사가 거동하기 어려운 환자의 집에 직접 방문해 진료하고 치료해 줬다면, 가정방문 요양사를 파견해 가족의 돌봄 부담을 줄여 줬다면 얼마나 좋았을까? 다 헛되고 헛되다. 가정으로 가득 찬 한국 여행은 한국의 속도처럼 빨리 지나갔다.

    난 지금 내 몸의 속도에 제법 잘 맞는 멜버른으로 돌아와 있다. 가족을 자주 볼 수 없는 이민 생활, 바라는 것을 다 누리며 살기는 어렵다고 생각하면서 이런 신선한 공기라도 맘껏 마시다 죽을 수 있는 게 축복이려니 한다.

가정방문 요양사의 임종 체험

왜 하필? 어쩜 좋아? 두 마음이 교차한다. 머릿속이 하얗게 질리고 아무것도 생각나지 않는다.

아버지의 임종을 지켰다. 사시던 시골집에서 많은 자식에 둘러싸여 마지막 긴 숨을 거두셨다. 부모님은 슬하에 10남매를 두셨다. 아이 키우기를 좋아하거나 여러 자녀를 키울 능력이 있어서 열 명씩 출산한 게 아니다. 가족계획도 피임도 없던 시절이어서 아이가 생기면 낳았다. 일손이 항상 달리는 농촌에서 자식은 노동력이었고, 어린아이가 죽는 일이 흔하니까 예비로 많이 낳기도 했다. '자기 밥숟가락은 물고 태어난다'는 믿음이 있던 시절이다.

아버지는 유언대로 꽃상여를 타고 무덤으로 가셨다. 부모님보다 먼저 죽은 첫째 오빠를 빼고 9남매가 발길마다 놓은 돈봉투를 사뿐사뿐 지르밟으며 묘지로 갔다. 2000년대 초반이다. 그 뒤 한국의 장례 문화는 급속도로 변했다. 아버지가 타고 간 꽃상여가 내가 본 유일한 상여고, 그것이 집에서 치른 마지막 장례다. 친구, 지인, 동료 교사 부모의 장례는 언제나 병원 장례식장에서 치렀다. 자본주의적 새로운 장례 문화가 초고속으로 한국을 휩쓸었다. 역시 한국은 뭐든 화끈하게 바뀐다.

요양보호사가 되려고 공부를 시작했다가 그만두는 분들이 있다. 요양원에서 일하다 보면 어쩔 수 없이 때때로 죽음을 보게 되는 게 두려워서 일을 시작하기도 전에 접는 경우도 있다. 죽음은 젊고 건강하고 팔팔한 존재들에게 환영받지 못한다. 젊음과 죽음의 간극이 너무 커서 생각만으로도 불편하고 두렵다. 누구도 피해 갈 수 없는 길인데도 그렇다.

때로 세상에는 '생생한' 젊음을 누리지 못하는 '변종'이 있기 마련이고, 내가 바로 그런 경우다. 숨쉬기가 죽음에 대한 공포보다 고통스러워 본 사람만이 안다. 다음 날 아침에 눈을 뜨지 않으면 좋겠다는 희망을 품고 잠자리에 드는 사람들의 심정을. 이런 기도로 채워진 날이 많던 나로서는 죽음을 보는 일이 두렵지 않았다. 어차피 실제 나이와 신체 나이의 균형이 깨진 지 오래된 몸이었다.

또래처럼 활동할 에너지가 없으면 책을 많이 읽게 된다. 돈 안 들고, 시간 때우기 좋아서다. 허약한 사람이라도 하루 24시간은 똑같이 주어지고, 깨어 있는 시간이 많은데 그 시간이 무료했다. 자연스럽게 병듦과 늙음과 죽음에 대해 생각하고 책 읽을 시간이 많았다. 또래 친구와 교사 들이 뭐든 더 배우고, 도전하고, 계발하고, 즐기고, 투자할 생각을 하는 동안 나는 다른 일로 시간을 보냈다. 너무 진부한 표현이지만, 세상 모든 일엔 음과 양이 있다. 그래서 나는 요양보호사라는 직업이 별로 부담스럽지 않고 재밌었다. 맞춤옷을 입은 듯 고객을 만나는 일이 자연스러웠다. 내가 오랫동안 책으로만 보던 장애와 병듦과 늙음을 실제로 보고 겪는 일이니 몰입도가 높지 않을 수 없었다.

"할아버지, 할아버지, 제 말 들리세요?"

불길하다. 오래전 아버지의 임종 순간이 떠오른다. 임종 때 아버지처럼 숨을 어렵게 한 모금 들이마신 할아버지가 한동안 숨을 붙들고 있다. 코에 손을 대 본다. 한참 만에 마지막 숨을 내쉬는 고객. 이 순간 문제는 죽음에 대한 공포 따위가 아니다. 동료 요양보호사나 간호사가 있는 요양원이 아니라 나 홀로 가정방문 지원 중인데, 호주에서 처음으로 임종을 보고 있다는 난감한 사실이다.

매주 토요일에 오후 3시부터 밤 10시까지 고객 D를 지원했다. 84세 할아버지인 D는 1주일 내내 24시간, 한시도 빠짐없는 돌봄이 필요해서 요양사가 3교대로 방문했다. 오랫동안 당뇨병을 앓던 할아버지는 전해에 암으로 수술을 받은 뒤 급속도로 건강이 나빠졌다. 보행기에 의지해서 힘겹게 움직이다 전해 말에 병세가 나빠지고 병원에서 한 달 넘게 지내다 온 터다. 할아버지가 집으로 돌아온 뒤 방문해 보니 일반 침대가 병원 침대로, 보행기가 휠체어로 바뀌고 소변 통과 기저귀가 보였다. 입원 전까지만 해도 잠에 취해 있다가 가끔 깨어나 몇 마디 대화를 나누며 힘없이 따스한 미소를 보내던 분이 말 한마디 못 하고 고통에 신음했다. 완화치료 상태에 들어선 모습을 보며 노인의 건강이란 한낱 신기루 같다고 생각했다. 몇 달 동안 만난 할아버지는 물론이고 가족과도 정이 많이 들어서 마음이 무거웠다.

이날 3시, 할아버지 집에 도착했을 때부터 분위기가 심상치 않았다. 자녀 3남매가 모두 배우자를 동반해 와 있으며 짙고 무거운 안개가 온 집안을 휘감은 듯했다. 나와 교대한 오전 근무 요양사가 말했다. 지난밤에 상태가 나빠져서 응급 팀과 완화치료 팀이 다녀갔고, 모르핀을 주사했으니 낙상에 각별히 주의하며 곁을 지켜야 한다고. 에이전시에서 (밤 10부터 다음 날 아침 8시까지 하는) 밤 근무에는 경력 많은 간호사가 배치되어 있다고 알려 왔는데, 난 돌봄 지원을 취소하고 도망가고 싶은 마음이 굴뚝같았다. 모르핀 맞는 환자를 한 번도 못 봐서 걱정이 앞선 것이다.

무사히 내 근무가 끝나고 있었다. 9시 40분쯤 인수인계를 위해 약물 복용, 당뇨 체크, 소변의 양과 배뇨 횟수 등을 기록하는데 할아버지 방에서 신음이 들려왔다. 번개같이 달려갔다. 할아버지의 부인도 놀라서 따라 들어왔다.

"메기, 메기."

할아버지가 할머니를 두 번 불렀다.

"나 여기 있어요. 나 여기 있어요."

할머니가 두 번 답했다. 그러고는 금슬 좋은 부부답게 할머니가 할아버지의 손을 꼭 잡고 이마에 두 번 입을 맞췄다. 너무 아프다고 온몸으로 말하는 듯한 할아버지는 의료 팀이 모르핀을 주사하려고 복부에 꽂은 나비 바늘을 만졌다.

"할아버지, 죄송해요. 전 간호사가 아니라서 주사를 놓을 수 없어요. 10시에 간호사가 오면 도와드릴 거예요. 15분만 기다려 주세요."

병마의 고통과 싸우느라 볼이 움푹 패고 얼굴이 일그러진 할아버지가 일어나 앉고 싶다고 했다. 혼자 앉을 수 없을 정도로 허약해서 내가 부축하고 있는데 할아버지가 퍽 하고 뒤로 넘어졌다. 아득한 곳을 응시하는 눈동자에 초점이 없다. 오랫동안 참고 있던 마지막 숨을 가늘게 내쉬는 할아버지를 보며 생각했다.

'그 많은 사람들이 당신 곁을 지켰는데 왜 하필 저죠?'

생각은 생각일 뿐, 이 상황을 해결해야 할 사람은 나다. 당황한 할머니에게 먼저 말했다.

"할아버지가 천국 문을 두드리시는 것 같아요. 가족들에게 알려 주세요."

너무 놀라서 바르르 떠는 할머니를 안아드린다. 할머니 눈에서 뜨거운 눈물이 떨어진다. 할아버지에게 마지막 인사를 건넨다.

"할아버지, 그동안 고마웠어요. 할아버지의 자상함과 따듯한 미소를 잊지 않을게요. 이제 편안하게 쉬세요."

이때 60대로 보이는 간호사가 등장했다. 내 구세주가 하늘에 머무르지 않고 내 눈앞에 나타났다. 드디어 내 숨이 쉬어진다. 들어서자마자 상황을 파악한 간호사가 청진기를 꺼내 할아버지의 숨을 확인한다. 할머니에게 사망 사실을 알리고 일사천리로 후속 조치를 진두지휘한다. 멋지다. 경험과 연륜 앞에 난 납작 찌그러진다. 간호사는 이 와중에 나까지 챙긴다.

"괜찮아?"

눈물이 조금 흐른다. 전문 직업인이니 눈물을 조절할 줄도 알아야 한다고 생각한다.

"혹시 남아서 할아버지 씻기고 옷 갈아입히는 거 좀 도와줄 수 있을까?"

고맙다. 마지막 순간을 나에게 허락한 할아버지의 마지막 채비를 돕고 싶다. 간호사가 시키는 대로 할아버지를 똑바로 눕히고, 눈을 감기고, 젖은 수건으로 몸을 씻는다. 치아를 닦고, 기저귀를 갈고, 옷을 갈아입힌다. 깨끗하고 새하얀 이불로 덮고 입이 벌어지지 않도록 수건을 둘둘 말아 턱 밑을 받친다. 그리고 1년 동안 매달 첫 주에 할머니 앞으로 꽃을 배달시킨 낭만주의자 할아버지를 위해 꽃병에 있던 싱싱한 주홍색 장미를 가슴에 놓아 드렸다. 낭만이 낭만으로 끝난다.

밖에 나가 보니 자식들이 슬픔을 나누고 있었다. 할아버지 가족은 요즘 보기 드물게 사랑과 친밀감이 넘친다. 3남매

모두 효자, 효녀라서 매일 아버지를 찾아뵙고, 간호에 지친 어머니를 챙겼다. 이런 가족이 거의 멸종위기종처럼 느껴져서 신기하고 부러운 한편 부끄럽기도 했다. 나는 돌아가신 아버지께 그리고 요양원에 계신 어머니께 이런 효도를 못 했고, 우리 10남매는 끈끈한 우애를 나누며 살지 못했다. 멸종위기종은 소중히 여기고 지켜야 한다. 이 가족은 앞으로도 같은 모습으로 살 것 같아 안심되었다. 퇴근하려는 나에게 가족이 다가와 안아 주며 고마움을 전한다. 슬픔이 또 다른 슬픔을 감싼다.

"그동안 우리 아버지, 어머니를 잘 보살펴 줘서 고마워요. 마지막 길도 함께해 줘서 고마워요."

3남매가 한 명씩 나를 안아 주며 고맙다고 인사한다. 나도 이들의 진심에 진심으로 답한다.

"그동안 할아버지를 돌볼 수 있어서 영광이었어요. 따뜻한 사람들과 일할 수 있어서 정말 행복했어요."

사랑의 가족, 경제적 여유에 인자함과 자상함이 있던 할아버지의 유산일 것이다. 밤하늘을 올려다본다. 눈물 맺힌 눈에도 청명한 밤하늘의 별들이 반짝인다.

마지막 돌봄, 마지막 인사

"E가 방금 돌아가셨어."

휴식 시간인 오전 9시 30분쯤 필리핀 출신 등록 간호사인 마리가 도시락 가방을 들고 직원 휴게실에 들어오면서 소식을 전한다. 요양보호사, 세탁실 직원, 상주 물리치료사 들이 원탁과 소파가 놓인 휴게실에서 저마다 싸 온 간식을 먹다가 한마디씩 섞는다.

한 사람이 떠나간 시간, 살아 있는 자들은 생을 붙잡겠다고 목구멍으로 음식을 밀어 넣는다. 너무 냉혹하게 보이겠지만, 생각해 보면 난 아버지를 떠나보내고도 첫째 오빠와 첫째 언니의 이른 죽음 앞에서도 밥을 넘겼다. 가족이 떠나도 밥을 먹는데, 곳곳에 죽음이 도사리고 있는 직장인 요양원에서 못 먹을 이유가 없다. 죽음 앞에서 산 자는 살아야 한다는 말이 잔인하지만, 그것이 주어진 삶에 대한 예의일지도 모른다. 뱃가죽이 등가죽과 만날 정도로 홀쭉해진 내 배부터 채워야 한다. 새벽 5시 반에 일어나 출근하느라 아침밥을 거른 배에 서둘러 음식을 밀어 넣고, 아직은 살아 있는 몸들을 돌보는 게 요양보호사의 책무다.

파킨슨병이 있던 80대 할머니 E. 큰 키에 80킬로그램이 넘어 몸집이 좋은 백인이다. 백인 할머니 중에는 아시아인 할머니들과 비교도 안 될 만큼 몸집이 남다르게 큰 분이 가끔 있다. 내가 일하는 요양원에는 80킬로그램을 훌쩍 넘는 할머니가 여러 명이다. 호주에는 아시아 이민자가 압도적으로 많고 아시아 출신 요양보호사도 많은데, 이들의 작은 몸집과 비교도 안 될 만큼 큰 할머니들의 몸이 마치 남자처럼 느껴지곤 한다. 신체 기준도 다문화가 기본값인 멜버른에서는 일찌감치 상식이 전복되어야만 일상에서 충격이 줄어든다.

E는 요양보호사와 간호사 들이 사랑하는 입주자였다. 몸을 전혀 움직일 수 없는 상태라서 손이 많이 가고 돌보는 시간이 많이 들지만, 성격이 소탈하고 따뜻한 어른이었다. 이런 분은 신체적 피로도가 높은 요양보호사를 정신적으로 기쁘

게 한다.

E가 머물던 구역은 (이동할 때 각종 기기를 써야 하는) 더블 입주자가 유난히 많아서 요양보호사의 체력과 전문성을 시험하기에 딱 맞는 곳이다. 이 구역 입주자 열여덟 명 가운데 일곱 명이 더블이다. 기중기를 써야 하는 입주자가 세 명, 기립기를 써야 하는 입주자가 세 명, 사라 스테디를 써야 하는 입주자가 한 명이다. 기기를 쓰는 고난도 돌봄이 필요한 어르신 중에는 유난히 까다롭고 예민해서 당신 요구에 딱 들어맞는 돌봄을 끊임없이 요구하시는 분들이 있다. 요양보호사들 사이에서 이곳은 '마의 구역'이다.

아침 근무에 베테랑 요양보호사 셋이 달라붙어 헉헉거려야 겨우 점심시간인 12시 전에 끝내는 일과가, 조금 수월한 구역을 맡은 요양보호사가 일손을 보태야 제시간에 마무리될 때도 가끔 있다. (점심 전에 모든 입주자를 씻기고 잠옷을 일상복으로 갈아입혀야 한다.) 특히 전신을 움직이지 못하는 어르신은 요양보호사 두 명이 붙어서 몸을 돌려 가며 침상 목욕을 하고 일상복을 입히고 식사도 다 먹여드려야 해서 지원 시간이 상대적으로 많이 걸린다. 전신을 못 움직이는 분들은 이런 사정 때문에 아침 일과에서 순서가 뒤로 밀리기 마련인데, E는 단 한 번도 불만을 드러내거나 화내지 않았다. 인지 기능이 여전히 남아 당신 생각을 표현할 수 있었는데도 말이다. 돌봄을 주고받는 건 똑같지만, 누군가는 돌보는 사람의 마음을 상하게 하고 누군가는 돌보는 사람이 미소를 머금게 한다. 이틀 전 E에게 점심을 먹여드릴 때도 잊지 않고 고맙다고 말씀하셨다.

"잘 먹었어. 고마워."

요양원은 곳곳에 죽음이 깔려 있다. 오락실의 두더지처럼 웅크리고 있다가 예측하지 못한 데서 불쑥불쑥 튀어나온다. 겨우 넉 달 일하면서 죽음을 다섯 번 맞았다. 곧 닥칠 죽음을 예측하기가 쉽지 않다. 오늘 침상 목욕을 한 할머니의 상태가 아주 안 좋아서 걱정하는데, 상대적으로 괜찮던 할머니 방이 다음 주에 비는 식이다. 치매에 걸린 부인을 집에서 돌보기 어려워서 요양원에 부인과 같이 들어온 할아버지는 할머니가 요양원 생활에 적응하는 걸 보고 먼저 돌아가셨다. 감기에 걸려 누워 있던 할머니를 사흘 뒤에 가서 보니 이미 하늘나라로 가셨고, 아파서 병원으로 이송된 할아버지는 끝내 요양원에 돌아오지 못했다. 내가 돌보던 분들인데, 언제나 마지막 인사를 놓친다. 그래서 결심한다. '오늘이 마지막 돌봄이라는 생각으로 일하자.'

간식으로 싸 간 요거트와 과일을 서둘러 흡입하고는 방

금 운명하신 E에게 마지막 인사를 하러 간다. 이틀 전에 씻기고 기저귀를 갈고 점심을 먹여드린 분이 이제 이 세상 사람이 아니라는 사실이 너무 낯설다. 엄마 손을 잡고 마지막 밤을 지새운 딸이 눈물이 그렁그렁한 채 나를 맞는다. E의 얼굴은 이미 핏기가 없고 틀니를 뺀 입이 푹 꺼졌지만 살아생전 인자하던 얼굴에 영원한 평안과 평화가 깃들었다. E의 이마에 입을 가져다 대며 말한다.

"할머니, 그동안 친절하게 대해 주셔서 고마워요. 편히 쉬세요!"

내가 일하는 요양원에서는 완화치료에 들어간 분들의 방문에 나비 스티커가 붙는다. 스티커가 붙으면 임종이 얼마 남지 않았다는 뜻이고, 숨을 멎는 마지막 순간까지 가능한 한 편하고 고통 없게 돌보겠다는 뜻이다. 당사자나 가족이 거부하지 않으면 대개 모르핀이 투여되고, 곡기를 끊고, 가족과 마지막 인사를 할 시간이 마련된다. 모르핀이 투여되면 대부분 사나흘이면 생이 마감된다. 요양원은 그런 곳이다. 죽음이 예견된 곳, 당사자나 가족도 죽음에 대해 마음의 준비를 하는 곳. 그래서 죽음이 급작스럽거나 생경하지 않은 곳.

E는 축복받은 죽음을 맞이했다. 완화치료에 들어간 지 이틀 만이었다. 평소에 수시로 엄마를 찾아와 시간을 보내던

다정한 딸이 엄마 손을 잡은 채 마지막 밤을 보내고 아침이 되자 E가 영원한 안녕을 고했다. 요양원에서 일하다 보면, 노년의 축복과 죽음 앞 축복이 뭔지를 끊임없이 성찰하게 된다.

오후 1시쯤 장례 회사에서 검은색 정장을 차려입은 직원 두 명이 나와 할머니를 모셔 간다. 점심 식사를 끝낸 뒤 작별 인사를 하고 싶어 하는 입주자와 직원 들이 모여 할머니의 마지막 길을 꽃으로 배웅한다.

어쩔 수 없이 이 순간 한국의 중환자실에서 사경을 헤매는 엄마가 떠오른다. 내가 방문했던 6월 이후 요양원에서 지내던 엄마의 상태가 나빠져 병원으로 옮겨지고 갖가지 항생제를 투여받는 중인데, 엄마 몸의 모든 장기가 이제 기능을 다했다고 언니들이 전했다.

죽음이 일상인 요양원에서 일하는 딸이 정작 엄마의 마지막을 함께하지 못할까 봐 조바심이 난다. 자식 열을 낳은 엄마가 중환자실에서 자식 하나 없이 혼자 외롭게 임종할까 봐 속이 탄다. 몇 달 전에 한국에 가서 엄마를 보고 왔다고, 원래 이민한 자식은 부모의 임종을 놓치기도 한다고, 이민 생활이 자식을 불효자로 만든다고 스스로 위안하기도 한다. 하지만 이미 알고 있다, 내가 엄마의 마지막 앞에서 핑계를 찾는 불효자일 뿐이란 사실을.

고인이 된 E와 딸의 마지막 모습이 내 것이 되기를 갈망한다. 엄마에게는 부디 마지막 인사를 놓치지 않기를, 멜버른에서 한 생을 떠나보내는 요양보호사 딸이 소망한다. 엄마의 마지막 날에 엄마 손을 꼭 잡고 밤새 내 글을 읽어 주고 싶다고.

"이 일이 내 직업이어야 되겠구나"

— 20년째 간호사로 일하는 J

J는 일중독자다. 이 일은 단순한 생계를 뜻하지 않는다. J는 주중에 지역사회에서 간병과 돌봄 활동을 하고, 주말에는 병원에서 간호사로 일하며 생계를 유지한다. 업무가 비는 시간에는 외롭고 어려운 처지에 놓인 이민자를 찾아다니며 몸을 쓰고 마음을 쏟는다. 곤경에 처한 사람을 외면하기가 너무 어렵다고 하니 심성 자체가 돌봄과 천생연분이다. 초인적이다 싶을 만큼 바쁘지만 어린 두 딸을 키우며 가정을 돌보는 데도 열성적인 J는 한국인 특유의 근면과 성실이 뼛속에 박혀 있다. 일을 좀 줄이고 건강을 챙기면서 좋아하는 일도 해 보라고 내가 권하면 J가 언제나 이렇게 말한다.

"언니, 저는 일할 때 제일 행복해요."

하루에 열 사람 몫을 사는 듯한 J와 인터뷰할 날을 잡는 게 큰일이었다. 평소에 밥 한 끼 같이 먹으려면 대기표를 뽑고 기다려야 하는 사람이라 간신히 주중 점심시간에 만났다.

"오전에 고객 몇 분을 방문하고 온 거야?"

"세 명요."

"벌써 세 분이나 만나고 왔어?"

"제가 일복 하나는 터졌잖아요. 일이 끝이 없어요. 할아버지, 할머니들이 제가 방문하는 날이라고 문밖에 나와서 기다리고 계세요."

돌봄 분야의 체계와 제도에 관심이 많은 두 사람이 시작한 대화는 끝없이 길어졌다. 호주의 간병 문화, 장애와 국가장애보험제도(NDIS), 가정방문 및 요양원 돌봄과 죽음, 자발적 조력 존엄사와 장례 문화 등에 관해 할 얘기가 넘쳤다. 궁금증이 폭발한 내 질문에 J의 답은 막힘이 없다. '돌봄과 간호의 명인'이라고 내가 붙인 별명이 아깝지 않다. 이야기 보따리가 큰 만큼 인터뷰는 한 번은 대면, 다른 한 번은 전화를 통해 두 번 진행했다.

Q 현재 어떤 일을 하고 있나요?

A 저는 스물네 살에 이민 와서 간호학을 공부하기 시작했어요. 현재 등록 간호사로 주말과 월요일에는 민간 병원에서 일하고, 주중에는 지역사회에서 일하고 있어요. 호주 간호사는 병원 밖에서도 일할 수 있어요. 간호학을 공부하고 지금까지 요양원 요양보호사, 마약·알코올 의존자 재활치료 시설과 병원의 간호사, 가정방문 요양사로 노인과 장애인 돌봄을 했어요. 간호와 돌봄 분야에서 꼬박 20년 일했고, 지금은 주로 병원에서 간호사로 그리고 지역사회에서 가정방문 노인 돌봄 운영 관리자로 일하고 있어요.

Q 한국과 다르게 간호사가 병원 밖 지역사회에서 활동한다는 사실이 신기하고 낯설었을 것 같아요. 어르신 돌봄에 관한 운영 관리에 대해 좀 더 구체적으로 설명해 주세요.

A 제가 간호사가 되기 전부터 호주에는 간호사의 가정방문 문화가 자리 잡혀 있어서 많이 놀랐죠. 호주에서는 돌봄이 필요한 어르신을 위해 '마이 에이지드 케어(My Aged Care)'* 라는 복지 제도를 운영하고, 이 제도 안에서 가정 돌봄을 받는 어르신에게 '홈 케어 패키지(Home Care Packages)'를 제공해요. 어르신들의 돌봄 요구를 기준으로 나눈 네 가지 등급에

따라 연간 예산을 차등 지급하죠. 저는 이 예산을 기준으로 어르신의 요구와 건강 상태에 맞춰 가정방문 요양사, 물리치료사, 재활치료사나 작업치료사 같은 돌봄, 지원 인력을 연결하고 관리하는 일을 맡았어요. 또 가정방문 요양사가 돌봄을 제공하러 갈 때 에이전시에서 돌봄 지침을 제공하는데, 저는 제가 맡은 어르신들의 돌봄 지침을 직접 작성해요. 어르신이 사는 집에 가서 생활환경을 점검하고 보완하거나 수리할 게 있으면 관련 인력을 연결도 해요. 직접 가정방문을 통해 상처나 욕창 부위 드레싱, 혈압과 혈당 체크, 인슐린 주사, 모르핀 주사에 이르기까지 다양한 간호, 돌봄 서비스를 제공합니다.

Q 호주의 장애 복지 분야에서 국가장애보험제도(NDIS) 참가자에게 필요한 정보나 서비스 등을 적절히 연결하는 지원 코디네이터의 일과 비슷한가요?

(A) 맞아요. 다른 점은, 노인 돌봄은 대개 질병이나 노화로 돌봄이 필요한 경우가 많아서 간병과 돌봄 중심이죠. 그래서 장애 쪽보다 간호사가 하는 일이 더 중요해요. 간호사가 어르신 집에 정기적으로 방문해서 약물 복용 상태를 점검하거나 필요한 물품을 제공하고, 건강관리를 지속적으로 도와야 하거든요.

Q 홈 케어 패키지의 등급과 예산은 어느 정도인가요?

A 돌봄이 가장 적게 필요한 1등급은 연간 약 1만 달러, 돌봄이 가장 많이 필요한 4등급은 연간 약 6만 달러를 지원받아요. 다만 이건 대략적인 기준이고 실제로 지원되는 예산은 건강 상태나 필요 서비스 수준에 따라 달라질 수 있어요.

그런데 중증 치매를 앓거나 거동이 불가능한 경우에는, 예산이 최대한 많이 배정되더라도 현실적으로 24시간 돌봄은 어렵죠. 그래서 이런 경우에는 대부분 요양원에 입소하게 돼요. 호주는 인건비가 높아서, 돌봄이 많이 필요한 경우에는 정부 지원 예산만으로 원하는 만큼 돌봄을 충분히 받기 어려울 때가 많아요. 가정방문 요양사와 가족이 함께 돌보는 경우도 있지만, 중증 치매나 거동이 어려운 환자를 장기간 집에서 돌보기는 매우 힘들죠. 요양원에 대해 부정적 인식이 있지만, 요양원의 긍정적인 기능이 분명해요. 전문 인력이 상주하면서 배변, 식사, 건강관리, 약물 투여 같은 돌봄과 간병을 체계적으로 제공해 주기 때문에 안전하고 전문적으로 관리할 수 있다는 건 큰 장점이죠.

Q 이민 전에도 간호사로 일했나요?

A 아니요, 전 해양대를 졸업하고 엔지니어로 일을 시작했

어요. 간호학은 순전히 영주권을 받으려고 공부했어요. 호주에서 살고 싶은데, 엔지니어링 분야에서 일하려면 3년을 더 공부해야 한다더라고요. 문제는, 제가 엔지니어링이라는 말도 듣기 싫었다는 거예요. 한국에서 1년간 일하면서 그 분야에 정이 뚝 떨어졌거든요. 20년 전에 영주권 받을 수 있는 직업을 알아보니 간호사, 요리사, 미용사가 있더라고요. 제가 사람을 좋아하니까 간호사가 잘 맞겠다고 생각했죠.

그래서 TAFE라는 주립 기술학교에서 간호조무사(EN, 한국의 간호조무사보다 넓은 범위의 임상 경험과 자격을 갖춘 전문 인력이다. 등록 간호사의 지도 및 감독하에 업무를 수행한다.) 과정으로 1년 반 공부하고 대학에서 1년 반 더 공부해서 등록 간호사(RN)가 됐어요. 처음부터 대학에서 등록 간호사 과정 3년을 공부하는 것보다 간호조무사 과정을 먼저 하고 대학으로 넘어가는 편이 훨씬 경제적이었거든요.

Q 간호학을 3년 공부해야 했다면, 한국에서 경험한 엔지니어링을 3년 더 공부할 수도 있었을 것 같아요. 엔지니어링 분야가 영 마음에 들지 않았나요?

A 대학교 마지막 해에 여의도에 있는 회사에 조기 취직했어요. 한국에 들어오는 선박이 고장 나면 우리 회사에 연락이

오고, 회사가 기술자를 파견해서 수리했죠. 면접 때 면접관이 말하더라고요. 영어는 기본이고, 고객 접대가 많으니까 술을 잘 마셔야 한다고요. 면접장에서 소주 네 병을 마시고 취직했어요. 제가 그때는 술을 잘 마셨거든요.

취직하고 나서 정말로 1주일 내내 새벽 2~3시까지 접대해야 했어요. 동료도 고객도 거의 다 남성인데, 낮에는 가족사진을 책상에 올려놓는 가정적이고 예의 바른 분들이 밤만 되면 전혀 다른 사람이 되더라고요. 술집에서 여성들을 불러 옆에 끼고 주무르는 모습을 매일 봤어요. 1년 지나니까 위에 구멍이 나고 원형탈모증이 생기더라고요. 도저히 계속할 수 없었어요. 그때부터 엔지니어링이라는 단어도 떠올리기 싫더라고요.

Q 다른 사람을 돌보고 간호하는 일이 적성과 맞는지 모른 채 간호학을 시작했나요?

A 처음 멜버른에 와서 공부를 시작했는데, 돈이 하나도 없었어요. 그때 요양원 요양보호사로 있던 친구가 일을 소개해 줬어요. 간호 공부를 한다니까 자격을 따로 요구하지 않고 에이전시에서 바로 요양원으로 보내 줬죠. 요양보호사가 매우 부족하던 시절이고, 지금처럼 공식 자격증 과정이 의무화

되지 않던 때예요.

요양원에 간 첫날 받은 충격은 평생 잊을 수 없어요. 공립 요양원인데, 저랑 같이 일하는 파트너가 어르신 다섯 명을 목욕시키라고 하더라고요. 그런데 저는 기중기가 뭔지도 모른 채 출근했어요. 파트너였던 나이 지긋한 호주 토박이 요양보호사가 쌍욕부터 날리더라고요. 욕을 얼마나 잘했는지 몰라요. 요양원의 아침은 전쟁터와 다름없는데, 같이 일할 사람이 아니라 일을 가르쳐야 할 사람이 와 있으니 얼마나 황당했겠어요? 제가 울며불며 매달렸어요. 돈 없는 이민자 학생한테 자존심이 있나요? 한 번만 가르쳐 주면 다음엔 잘할 수 있다고 했죠.

들어가는 순간 똥오줌 냄새가 코를 찌르는 방에 온몸이 까맣고 왜소한 인도 할머니가 웅크리고 계셨는데, 한국에서 외국인을 본 적이 별로 없던 저로서는 적응하기가 너무 어려웠죠. 정말 충격적인 하루였어요.

Q 그런데 어떻게 그 일을 계속할 수 있었어요?

A 돈을 벌어야 했으니까요. 에이전시가 소개해 준 멜버른 곳곳의 요양원을 돌아다니면서 3년간 일했어요. 그때는 내비게이션도 없어서 『멜웨이(Melway)』라는 지도책을 들고 다

녔죠. 어느 날 한 요양원에서 복수가 차서 돌아가시기 직전인 할아버지를 만났어요. 연고자가 없던 그분을 씻겨드리면서 죽음을 처음 대면했는데, 하나도 무섭지 않더라고요. 누군가의 마지막 인생 여정에 제가 함께했다는 기분, 마치 촛불을 밝혀 주는 것 같은 느낌이 싫지 않았어요. 그리고 생각했어요.

'이 일이 내 직업이어야 되겠구나.'

Q 제가 2016년 이민 왔을 때, 간병인 없는 호주 병원을 이해하기 힘들었어요. 한국에서 누가 입원하면 가족이 간병하거나 간병인을 고용하는 방식만 봤으니까요. 호주에서는 이게 어떻게 운영되는지 설명해 주시겠어요?

Ⓐ 환자가 필요한 것이 있으면 호출 벨을 눌러요. 의식 없는 환자는 간호사들이 주기적으로 상태를 확인하고요. 간호사들이 환자를 씻기면서 피부 상태를 살피고, 다친 곳이 없는지 확인하고, 식사를 돕고, 기기를 이용해서 화장실로 가는 것도 도와요. 말 그대로 머리부터 발끝까지 간호사가 모든 돌봄을 책임지죠. 환자 이름만 들어도 그 사람의 모든 특성이 머릿속에 떠오를 정도로 속속들이 알고 있어요. 좋긴 한데 간호사들이 정말 너무 바쁘죠.

병동 특성에 따라 다르지만, 제가 일하는 병원에서는 보통 간호사 한 명이 환자 네다섯 명을 돌봐요. 이 중 한두 명은 거동이 어려워서 식사와 배변을 다 간호사가 도와야 하고, 다른 한두 명은 조금만 거들면 되고, 나머지 한두 명은 혼자 다 할 수 있어요. 이렇게 섞어서 배당해요. 그러지 않으면 간호사 혼자 감당할 수 없으니까요.

Q 호주의 간호사는 의료적 처치뿐만 아니라 요양보호사가 하는 일까지 하는 거네요?

(A) 그럼요. 간호사는 환자를 먹이고 입히고, 씻기고, 대소변을 처리하는 등 간병과 돌봄 업무를 다 해야 해요. 게다가 환자가 처음 입원했을 때는 가정환경까지 파악해야 해요. 환자의 의료 정보를 가족 중 누구에게 전달할지, 환자 본인이 의료적 결정을 내리는지, 의료 대리인(Medical Power of Attorney)이 지정되어 있는지 등을 확인하는 거죠. 의료 대리인이 지정된 경우에는 아무리 가족이라도 의료 대리인이 아닌 사람과 환자의 의료적 내용을 상의하면 문제가 될 수 있어요. 호주는 가족 유형이 아주 다양해서 섣부르게 가족이라고 판단하고 얘기하면 안 돼요.

간호사가 하는 일이 정말 많아요. 고령 환자가 퇴원한 뒤 집에서 혼자 지내기 어렵다면 간호사가 의사나 사회복지사와 연결해서 퇴원 뒤 지낼 곳을 결정해야 하죠. 돌볼 가족이 없으면 보통 집 근처 요양원에 단기간 머물면서 회복한 뒤 집으로 가는데, 회복이 안 되면 요양원에 입소하기도 합니다. 환자가 갑자기 사망해서 가족들이 장례식을 준비하지 못했을 때도 경험 많은 간호사가 안내해 줘요.

Q 호주에는 가족 간병 개념이 없나요?
A 네, 없어요. 가끔 치매 어르신이 수술 뒤 불안정한 상태에서 소리를 지르거나 병동을 돌아다니는데 간호사가 이분뿐만 아니라 다른 환자도 돌봐야 하니까, 일대일로 24시간 돌볼 수 있는 간병인을 외부에서 부르기도 해요. 이런 경우 공공 병원은 무료고, 민간 병원은 환자의 사보험으로 지급돼요.

한번은 영어를 전혀 못 하는 그리스계 할아버지가 입원했는데, 불안해서 계속 소리 지르는 통에 간호사들이 일할 수 없을 정도였어요. 이럴 땐 가족을 불러요. 보통은 아내나 딸이죠. 가족에게 정서적 안정 지원을 부탁하는 거예요. 이런 경우를 빼면 모든 돌봄과 간병을 간호사가 맡아요. 한국에서는 아버지 병문안 갔을 때 아버지가 화장실 간다고 하면 우리가 모시고 가잖아요? 그런데 호주 사람들은 호출 벨을 눌러서 간호사를 불러요. 병원에서 간병은 간호사의 몫이라는 인식이 있어서 그런 것 같아요. 간병과 돌봄에 대한 인식과 문화가 한국과 달라요.

Q 멜버른에 이민 와서 병원(한국의 3차 병원) 진료를 받을 일이 생겼는데, 가정의학과 의사(GP)가 공공 병원과 민간 병원 중 어느 쪽으로 갈 건지를 묻더라고요. 한국에서는 들어본 적 없는 질문이라 당황해서 답하지 못한 기억이 있어요. 호주에서는 공공 병원과 민간 병원의 이용 비율이 어떻게 되나요?

A 한국에서는 병원이라고 하면 거의 다 민간 병원이죠. 여기는 통계적으로 공공 병원 이용자가 조금 더 많다고 해요. 호주에서 4인 가족이 (한국의 실손보험과 비슷한) 사보험에 가입하려면 다달이 400~500달러가 들어요. 하지만 공공 병원이 무상이니까, 경제적으로 어려운 사람은 굳이 사보험에 가입하지 않죠. 공공 병원이 무상이라는 말은 진료, 입원, 수술, 처치, 식사 등에 관한 모든 비용이 무상이라서 환자가 한 푼도 안 낸다는 뜻이에요.

그런데 민간 병원은 환자가 의사를 선택할 수 있고 대기 시간이 짧다는 장점이 있어요. 공공 병원에서는 주로 레지던트가 환자를 보거든요. 물론 전문의하고 상의하며 진료하지만, 환자는 경험 많은 의사를 만나고 싶어 하죠. 공공 병원은 대기 시간이 길어요. 사보험이 있는 환자라도 민간 병원에서 진료나 수술을 받으려면 추가 비용을 내야 하니까 공공 병원을 원할 수 있거든요. 이런 경우에도 공공 병원에서 거부할 수 없어요.

요즘 호주 경제가 어려워지면서 공공 병원에 환자가 몰리다 보니 대기 시간이 더 길어졌고, 정부가 경제적으로 여유 있는 사람은 민간 병원을 이용하게 하려고 노력해요. 참고로, 호주 의사들은 대부분 공공 병원과 민간 병원 근무를 병행해요. 1주일 중 며칠은 공공 병원에서, 며칠은 민간 병원에서 일하는 식이죠.

Q 가정의학과나 3차 병원에서 아시아계 이민자 출신 의사가 많이 보여요. 이민 가정의 1.5세대나 2세대 의료인이 많은 이유가 뭘까요?

A 의사는 공부를 많이 해야 하고 일이 쉽지 않은 직업이잖아요. 그 어려운 일을 호주 토박이가 선호하지 않는 것 같아요. 그들 정서와 맞지 않는 직업일 수 있죠. 한국하고 다르

게 호주에서는 고등학교 졸업 후 대학에 가지 않는 경우가 많고, 대체로 힘들게 머리 싸매고 공부하는 걸 선호하지 않거든요. 고등학교 졸업 후 육체노동을 해도 사회적으로 차별이나 멸시를 거의 받지 않고, 임금도 대학 졸업자와 비슷하거나 오히려 높은 경우도 많아요. 굳이 힘든 의대에 가서 오랫동안 공부할 필요를 못 느끼죠. 정말 공부를 좋아하거나 의사가 되고 싶은 학생만 의대를 선택하는 경우가 많아요.

하지만 아시아계 이민자는 문화적 배경이 다르잖아요. 학력이나 학벌을 중시하는 문화에서 자라고, 의사를 선망하죠. 제 경험상 레지던트 열 명 중 한두 명만 호주 출신이에요. 중국과 인도 출신이 가장 많고, 나머지는 다른 아시아 국가 출신이죠.

Q 호주에서 가정방문 요양사로 일하면서 놀란 점 중 하나가 고객 정보를 받아 보면 완화치료 중인 분들이 가끔 있더라고요. 한국에서는 죽음이 가까워진 어르신을 병원으로 보내니까, 죽음이 가까워질 때 일어나는 변화를 겪어 볼 기회가 거의 없었는데 호주는 이게 어떻게 가능할까요?

Ⓐ 문화적 차이가 크다고 봐요. 한국에서는 부모가 아플 때 병원에 모셔 가서 필요한 처치나 치료를 받게 하는 걸 자

식의 의무로 생각하는 경향이 강하죠. 집에서 손써 보지도 않고 부모님이 돌아가시게 하면 불효라고 여기고요. 다들 평화롭고 고통 없는 죽음을 꿈꾸지만, 실상은 임종 순간에 고통이 심한 경우가 많아요. 핵가족화된 현대사회에서 가족이 마지막 돌봄을 감당하기가 어려우니까 병원으로 보내는 거죠.

호주에서는 완화치료 단계에 들어간 분에 대한 의료적 지원이 고통 없이 돌아가시게 하는 것뿐이라고 보니까, 당사자의 바람대로 집에서 가능한 한 고통 없이 편하게 삶을 마감할 수 있도록 돌봐요. 저 같은 간호사가 집에 방문해 모르핀을 투여하죠. 호주 사람들도 사랑하는 가족이 고통스럽게 죽는 모습을 지켜보는 건 힘들어해요. 하지만 간호사가 환자의 고통을 줄여서 편하게 보내 드리니까 가정 임종을 선택할 수도 있는 것 같아요. 간호사가 사망 후 절차를 안내하기도 하고, 완화치료 센터*와 상의해도 되니까 덜 두려울 거예요. 모르핀도 환자 자신이나 가족의 의사를 거스르면서 강제적으로 투여하지는 않아요. 한 번에 많은 양을 투여해서 사망을 재촉하지도 않고요. 의사가 처방한 대로 안전하게 극소량을 투여해요. 환자와 그 가족이 고통스럽지 않은 최후를 원하니까 대부분 모르핀을 선택하죠.

주거 형태도 영향을 미치는 것 같아요. 한국인들이 주로 사는 공동주택에서 곡소리가 나면 민원이 많이 발생하겠죠. 호주는 단독주택에 많이 사니까 집에서 생을 마감하기가 상대적으로 쉽죠.

Q 완화치료 환자로 진단받기 전과 후를 설명해 주세요.

A 공공 병원이나 민간 병원에서 의사가 의료적 회복 가능성이 더는 없다고 판단해서 완화치료 환자로 진단하면, 당사자나 가족이 생을 병원에서 마감할지 집에서 마감할지 결정해요. 만약 집으로 돌아가기로 하면, 해당 지역의 완화치료센터에서 환자를 관리해요. 물론 상황이나 질병에 따라 집으로 못 가는 경우도 있죠. 예를 들어, 임종 직전까지 고통이 너무 심해서 간호사가 계속 돌봐야 한다면 병원에 있어야 해요. 완화치료 전문의가 퇴원 전에 환자를 진료하고 필요한 약을 처방해 주면 가정방문하는 간호사가 이에 따라 약물 치료를 해요.

Q 일반 병원에서 요양병원으로 거처를 옮겼던 엄마가 2024년 9월에 돌아가셔서 한국의 3일장 문화를 경험했어요. 호주는 장례를 어떻게 진행하나요?

A 제가 오래 돌본 환자가 돌아가시면 장례식에 초대받아

참석하기도 해요. 한국의 3일장, 5일장처럼 유족이 며칠씩 장례식장에 지내면서 문상객을 맞는 문화는 없어요.

병원, 요양원, 집 중 어디에서 사망하든 시신을 장례식장으로 옮긴 뒤 장례식장의 담당자와 유족이 모여서 절차를 상의하고 결정해요. 이렇게 정한 장례일에 시신을 화장장이나 묘지로 옮기고 가족과 지인 들이 모여서 간단하게 다과를 나누죠. 대체로 파티 분위기고 한두 시간이면 끝나요. 장례식장에서는 고인에 관한 좋은 추억을 나누고 농담을 많이 해요. 물론 호주가 다문화 국가니까 이민자의 출생 배경에 따라 장례 문화가 다양하죠.

Q 노던 준주와 수도 준주(호주는 6개의 주와 2개의 준주로 이루어져 있다.)를 제외한 곳에서 자발적 조력 존엄사 법*을 시행하고 있는데, 혹시 이를 선택한 환자를 만나 봤나요?

A 아직 그런 경험은 없어요. 췌장암 말기였던 고령의 남성 환자가 극심한 고통 때문에 가정의학과 의사에게 자발적 조력 존엄사를 요청한 사례가 있긴 해요. 그런데 의사가 5~6주 정도 걸리는 절차를 마치기도 전에 돌아가실 확률이 높다고 했대요. 이 말에 상심하셨는데, 실제로 3주 만에 돌아가셨어요.

Q 한국에는 요양병원이 따로 있는데, 호주는 어떤가요?

A 호주에 요양병원은 따로 없어요. 호주도 고령 사회라서 입원 환자의 80~90퍼센트가 노인이에요. 주로 치매, 심장병, 폐렴, 암 같은 질환이 있죠. 노인 급성기 치료를 맡은 의사가 따로 있어서, 나이와 질병 상태에 맞춰 진료합니다. 한국처럼 노인 환자를 위한 요양병원을 따로 두지 않고 일반 병동에서 간호사와 의사가 통합적으로 관리하는 방식이에요. 어차피 간병은 간호사의 몫이잖아요.

Q 요양원에서 일해 보면, 아무리 비싼 민간 요양원이라도 한계가 있는 것 같아요. 좋은 시설에서 호텔처럼 요리사가 만든 맛있는 음식을 먹고 독방을 쓴다고 해도 기본적으로 100명 넘는 입주자들이 함께 생활한다는 점에서 개인 맞춤형 지원이 어렵잖아요. 그 반면 장애인들이 사는 소규모 지원 그룹홈에 가 보면, 조용하고 편안한 주택에서 장애 당사자가 바라는 맞춤형 지원과 돌봄이 훨씬 수월하게 이루어져요. 요양원도 이런 식으로 운영되는 곳들이 생기면 좋을 것 같은데, 어떨까요?

A 호주의 NDIS와 마이 에이지드 케어 두 제도의 운영 체계와 기본 원칙은 비슷해요. 정부가 예산을 지급하며 관리,

감독하고 민간이 운영하는 방식이에요. 그런데 NDIS는 마이에이지드 케어처럼 개인에게 책정되는 연간 예산에 사실상 한계가 없어요. 호주 정부가 장애 복지 분야에 그만큼 막대한 예산을 투자하는 거죠.

그런데 호주의 모든 요양원이 공공자금을 통해 정부의 보조를 받지만, 영리를 추구하든 그렇지 않든 대부분 민간단체에서 운영해요. 정부는 이윤을 내지 않아도 되지만, 민간 기업은 이윤 창출 없이 운영하기가 어렵죠. 소규모 민간 요양원도 이윤이 나지 않으면 결국 문을 닫아요. 호주의 요양 시설을 NDIS처럼 정부 예산만으로 운영한다면 질 좋은 개인 맞춤형 돌봄이 가능할지 모르겠는데, 지금 같은 고령화 사회에서는 정부의 예산 확보가 쉽지 않을 거예요.

호주에 살아도 호주의 모든 복지 제도를 잘 안다고 할 수는 없다. 이민자는 호주에서 태어나고 자란 사람에 비해 정보를 얻는 데 불리하다는 점도 간과할 수 없는 사실이다. 건강하고 젊을 때는 무심하지만, 나이 들면서 몸이 여기저기 고장 나기 시작하면 닥쳐올 질병과 노후와 죽음을 생각하지 않을 수 없게 된다. 상대적으로 불안한 이민자로서 인생에 마침표를 찍는 문제는 생각만 해도 압도적으로 부담스러운데, J와 인터뷰할 때 남은 인생을 설계하는 데 필요한 정보가 마구 쏟아져 나와서 기뻤다.

J와 인터뷰한 뒤, 호주 연방의회가 기존 노인 돌봄 제도를 대폭 개혁하는 법안을 통과시켰다. 2025년 7월부터 적용되는 이 법안은 가정에서 돌봄받는 노령 인구가 요양원에서 돌봄받는 노령 인구보다 증가하는 추세를 반영해 기존 4등급을 8등급으로 세분하고, 돌봄이 가장 많이 필요한 사람에게 지급하는 예산을 연간 7만 8000달러로 인상해 개인의 요구에 정교하게 맞춘 서비스가 제공될 것이라고 한다.

- 3부 -

두 종족, 두 문화

자폐라는 또 하나의 세계

자폐와 ADHD로 장애의 세계에 들어섰다. 10년 넘게 미친 듯이 영어 원서를 찾아 읽으며 자폐 당사자와 ADHD 당사자의 이야기에 흠뻑 빠져 지냈다. 우리와 같은 겉모습으로 지구에 불시착한 외계인을 연구하는 기분이 들었다. 이렇게 같으면서 이렇게 다른 존재가 있을 수 있나? 정말 신기하고 재밌어서 홀린 듯한 기분으로 자료를 찾아 헤맸고, 이들의 존재 방식에 대한 이해가 내 머리와 몸에 켜켜이 쌓여 갔다. 만약 내가 다시 20대가 된다면 이 분야를 전공할 터다.

가끔 해리포터가 된 듯한 기분이 든다. 머글의 눈에는 보이지도 않고 존재하지도 않는 마법 세계가 해리포터에게 보이고 존재하듯, 다른 사람 눈에는 안 보이는 자폐인이나 ADHD인이 내 눈엔 아주 또렷하게 보인다. 나만 이런 것은 아니다. 자폐나 ADHD 진단을 받은 당사자도 자신과 같은 신경다양인을 잘 분간해 낸다고 한다.

"내가 받은 자폐 진단은 저주가 아니라, 내 인생에서 가장 좋은 것이었다."

"나는 실패한 신경전형인이 아니라 완벽하게 괜찮은 자폐인이었다."

어느 날 접하게 된 자크 덴 하우팅(Jac den Houting) 박사의 TED 강연으로 자폐에 대한 내 이해를 송두리째 다시 구성해야 했고, 나는 자폐 당사자의 목소리에 더 귀 기울이게 되었다. 이때까지 나는 모든 자폐인이 자폐를 저주하고 혐오하며 비자폐인이 되기를 꿈꾸며 산다고만 믿었다. 하지만 자폐 당사자가 자신의 자폐를 끌어안고 고유한 목소리를 갖게 될 때 어떤 일이 벌어지는지를 직접 확인하면서 나는 기쁨과 환희 속에 그들의 말을 하나하나 주워 담기 시작했다.

주변에서 부모 자식 간 갈등, 부부간의 불화, 학교나 직장 내 대인 관계의 어려움 등을 살펴보면 진단받지 않은 장애가 원인인 경우가 있다. 그러니 제대로 된 진단으로 가정과 사회를 지키게 될지도 모른다. 왜 부모들이 자녀의 자폐나 ADHD

진단을 종종 놓칠까? 나를 비롯해서 주변 지인들 중에 자녀나 배우자가 자폐나 ADHD란 사실을 늦게 알게 된 사람들은 한결같이 말한다.

"이렇게 똑똑한 사람이 어떻게 자폐인이라는 거야?"

"우리 아이가 수학과 과학을 잘하는데 ADHD라니 믿을 수 없어."

"내가 교사인데 어떻게 내 아이를 놓치고 있었지?"

"내 아이가 예의 없거나 게으른 게 아니라 ADHD 때문이라고?"

"내 양육과 교육관이 문제는 아니었네."

"우리 부부가 서로 이렇게 달라서 그간 소통이 안 됐구나."

나도 처음부터 이들을 잘 분간할 수 있지는 않았다. 자폐나 ADHD 당사자의 목소리에 귀를 기울이면서 눈이 뜨이고 온몸의 감각이 그들에게 활짝 열리는 경험을 한 뒤 저절로 그렇게 되었다. 솔직히 자폐인을 비자폐인과 다른 종족, 즉 그들만의 문화가 있는 집단으로 보기 시작하면서 이 종족에게 통하는 마법의 문이 열렸다고 느꼈다. 그리고 상당수 자폐인에게는 ADHD 특성도 있기 때문에, 자폐를 깊이 이해하는 과정은 곧 ADHD에 대한 이해로 이어졌다. 그 결과, 신경다양인 가운데서도 자폐인과 ADHD인의 독자적인 특성이 하나 둘씩 또렷하게 읽히기 시작했다.

과학 저술가 스티브 실버만(Steve Silberman)은 『뉴로트라이브(NeuroTribes)』(강병철 옮김, 알마, 2018.)에서 자폐인을 새로운 '신경족'이라고 불렀다. 이 이름처럼, 내가 지금껏 이해한 자폐인들도 신경적으로 완전히 다른 '종족'이다.

나는 자폐나 ADHD를 기존의 의료적 관점인 결손, 결함, 무능, 불능의 틀로는 온전히 이해할 수 없다고 생각한다. 이런 관점에 머무르면, 실로 스펙트럼이 방대하고 다양한 이 종족의 아주 일부만을 보게 되기 때문이다.

자폐나 ADHD에 분명 어려움이라는 면이 있지만, 이와 동시에 '가능성'이 존재한다. 평생 자폐를 연구한 호주의 임상심리학자 토니 애트우드(Tony Attwood) 박사는 인류의 문화와 기술이 자폐인 덕분에 향상했다고 말한다. 영화 〈템플 그랜딘(Temple Grandin)〉의 주인공이자 자폐 당사자인 템플 그랜딘 박사는 실리콘밸리에서 한 강연에서 "IT 업계에는 자폐 성향이 있는 사람들이 넘쳐 나고, 좋아하는 일을 향한 이들의 지칠 줄 모르는 열정과 몰입 덕분에 이 분야가 지금처럼 발전했다"고 말했다.

많은 부모들과 마찬가지로 나도 아들이 공부를 잘하고 똑똑하다(자폐나 ADHD 학생들은 대개 좋아하는 과목과 그렇지 않은 과목의 성적 편차가 심하다.)는 이유로, ADHD에서 비롯한 일상 속 어려움을 애써 외면한 시기가 있다. 만약 그 상태로 계속 살았다면, 아들은 여전히 ADHD인이면서도 ADHD가 아닌 사람들에게 맞춰진 기준과 성취를 강요받으면서 다른 아이들에게는 쉬운 일이 왜 자신에게는 힘든지를 이해하지 못한 채 불안과 좌절에 빠져 있을지도 모른다. 나는 아들이 일상에서 겪는 어려움을 함께 발견하고 해결해 나가기보다 왜 다른 아이들처럼 행동하지 못하냐고 밤낮없이 잔소리하고 원망하는 어처구니없는 엄마로 살았을지도 모른다.

호주에서 자폐성 장애 진단에는 1급, 2급, 3급이 있다. 숫자가 커질수록 장애의 정도가 심하다는 뜻이고, 1급은 과거의 아스퍼거증후군으로 언뜻 보기에는 지능과 기능 면에서 장애의 특성이 잘 드러나지 않아서 자폐 진단을 종종 놓치는 경우에 해당한다. 또한 흔히 추측하는 것과 달리, 자폐 1급 진단을 받은 이의 삶이 2급이나 3급 자폐 당사자보다 언제나 더 행복하거나 편안하다고 할 수는 없다. 여느 인간처럼 자폐인의 삶도 평면적이거나 단순하지 않다. 나는 자폐 특성이 약하다는 이유로, 별나고 예민하지만 똑똑하다는 이유로 장애 진단을 받지 못하고 사회안전망에서 빠져 적절한 돌봄과 지원에서 배제되고, 충분한 능력과 재능이 있어도 사회로 나가지 못하는 당사자와 그 가족을 주변에서 여러 번 목격했다.

현재 호주와 이 글에서 쓰는 자폐라는 말은 1943년, 리오 캐너(Leo Kanner)가 처음 썼을 때처럼 전통적인 중증 자폐만 가리키는 표현이 아니다. 몇 년 전 미국 TV쇼 〈새터데이 나이트 라이브〉에 나와 아스퍼거증후군 진단을 받았다고 공개한 일론 머스크(Elon Musk)와 같은 자폐인을 통칭한다. 2013년 『정신질환 진단 및 통계 편람(Diagnostic and Statistical Manual of Mental Disorders, DSM)』 5판에서 아스퍼거증후군을 자폐성 장애의 범주로 통합해, 호주에서도 이를 따른다.

그동안 호주의 자폐 분야에 많은 변화가 일어났다. 아스퍼거증후군이 자폐성 장애로 통합되면서 자연스럽게 자폐인의 수가 급증했다. 여느 분야와 마찬가지로 장애 복지 쪽에서도 당사자의 수가 늘어나면 목소리에 힘이 실리고 정부는 이들의 요구에 귀를 기울이지 않을 수 없게 된다. 특히 상대적으로 지능이 높고 언어능력이 뛰어난 당사자들이 자폐인으로서 정체성을 확보하고 자폐인의 자부심 운동에 뛰어들어 자폐에 대한 올바른 이해를 고취하고 당사자들의 인권을 향상하는 데 중요한 구실을 해 왔다.

역사적으로 비자폐인들이 독점적으로 연구하고 규정하던 결손, 결함, 손상으로 일관된 의료 패러다임에 균열이 일어나기 시작했다. 하우팅 박사 같은 자폐 당사자들이 직접 자폐 연구에 뛰어들면서 자폐 관련 언어부터 달라져, 결손과 결함 대신 다양성과 신경전형인들과는 다른 능력으로 바뀌고 있다. 호주에서 IT, 교사, 교수, 각종 치료사, 의사, 예술가, 변호사, 작가 등 다양한 분야에서 뒤늦게 자폐 진단을 받은 사람들이 정체성을 드러내고 목소리를 내기 시작했다. 이들은 자폐와 자폐인에게 깊게 뿌리내린 낙인과 편견과 혐오를 거두고 다른 재능과 능력이 있는 사회 구성원으로 받아들이는 인식의 전환을 요구하며 이렇게 말한다. "나는 자폐인데도 이 자리에 온 게 아니라, 자폐 덕분에 이 자리에 왔다."

자폐인의 수가 급증하는 호주에서 변화는 이미 시작되었다. 예를 들어, 남호주에서는 주 정부가 자폐 전담 부서(Office for Autism)*를 만들고 인력의 상당수를 자폐 당사자로 채웠다. 자폐 관련 정책은 자폐 당사자들의 목소리를 의사 결정의 중심에 두고, 자폐인의 삶을 질적으로 향상하고, 자폐인이 능력을 최대한 발휘하도록 지원하는 데 목적을 둔다.

겉으로 드러나지 않아 오랫동안 지원과 서비스에서 소외된 자폐인들을 위한 사회적 움직임도 활발하다. 호주에서 초록 바탕에 있는 노란 해바라기로 꾸민 목걸이를 착용한 사람은 비가시적 장애 당사자를 말한다. 이들은 대부분 발달장애인이고 겉보기와 달리 실제로는 대부분의 장애인들처럼 특별한 요구가 있다는 뜻이다. 멜버른에 해바라기 스티커를 붙인 공간이 병원·수영장·쇼핑센터·공연장·공항 등 곳곳으로 늘어나는 것은, 이들의 존재를 인식하고 그들의 요구에 맞춰 지원할 준비가 되어 있다는 표시다.

아들이 초등학교 1학년 때 담임 교사이던 제니는 두 자녀와 함께 자폐 및 ADHD 진단을 받았다. 제니가 학교 커뮤니티에 이 사실을 공개하면서 인상 깊은 글을 남겼다.

"학교에서 생활하는 자폐 학생을 포함한 신경다양인 학생들이 결함과 결손이 있는 존재가 아니라 신경전형인 학생들과는 다른 능력이 있는 존재라는 사실을 알리는 한편 신경다양인 교사로서 이들과 연결되고 싶다."

내 주변엔 자폐에 대한 이해가 부족하던 시기에 자폐인으로 태어나 세상의 오해와 편견을 뒤집어쓰고 힘겹게 살아온 사람들이 있다. 그중 한 명인 캐럴이 어느 날 씁쓸한 표정으로 이렇게 말했다.

"내가 어렸을 때 부모나 교사 중에 단 한 명이라도 지금 내가 우리 아들들에게 말하듯이 내가 이상하거나 잘못된 게 아니라 그냥 자폐인이라고, 뇌가 여느 아이들과 다르게 작동하는 거라고, 태어난 모습 그대로 이미 충분히 사랑스럽고 아름답다고 말해 줬다면 얼마나 좋았을까? 나는 내가 누구인지도 모르고 비자폐인을 흉내 내면서 40년 세월을 낭비했어."

난 오늘도 자폐인 고객을 만나면서 이 종족의 문화를 이해하려고 애쓴다. 이민 초기에 품은 마음을 떠올린다. 호주의 언어와 문화와 제도를 이해하려고 무던히 애를 썼다. 영어 공부를 하고 호주와 관련된 책을 읽고 이민성에서 보낸 안내 자료를 숙지하던 시간을 떠올린다. 그런 노력이 잘 모르던 호주 사회의 구성원과 그들의 문화를 존중하는 최고의 방법이었듯, 자폐인과 그들의 문화를 존중하는 가장 좋은 방법은 그들의 특성을 이해하는 것이라고 믿기 때문이다.

    호주에는 다양한 문화가 공존하며 이 다양성이 곧 이민국인 호주의 정체성이다. 호주 속 한국인의 문화, 호주 속 일본인의 문화, 호주 속 중국인의 문화……. 이 다양성에 끌려 호주를 제2의 국가로 선택한 나는 여기에 하나를 더한다. 바로 호주 속 자폐인의 문화!

두 종족, 두 문화

어정쩡한 부부로 살고 있다. 한 지붕 밑에서 남남처럼 지내는 것이다. 각자 방에서 지내며 경제적으로는 완전히 분리하고 일부 공간을 같이 쓰면서 공동 지출이 필요한 것은 반씩 분담한다. 변호사 말로는 호주에서 이혼을 신청하려면 1년이라는 별거 기간이 필요하고, 한 지붕 밑에서 따로 사는 것도 별거로 인정된다. 이혼이 충동적이고 즉흥적인 결정이 아닌지 1년간 숙려해 보라는 뜻인 것 같다. 막상 1년간 생활해 보니 우리 부부처럼 서로 다른 신경족 커플에게는 꼭 맞는 방식이라는 생각이 들었다. 저마다 독립된 공간이 있고 공동생활 공간을 공유하는데, 우리 사이에 있는 아들을 중심으로 가끔 모였다 흩어지기를 자유롭게 반복하며 살아간다.

태초에 우리는 두 종족, 두 문화가 공존하는 가족이었다. 물론 아들을 낳고 아들의 정체성을 파악하기 전에는 서로의 다름이 크게 부각되지 않았다. 각자 나름대로 괜찮아 보이는 직업이 있는 주말 부부로, 각자 취향대로 살면 그만이었다. 싱글일 때와는 다르게 주말마다 누구와 뭘 하며 보낼지 고민할 일이 없어서 좋았고, 혼자 시간을 보내는 것보다 덜 외롭고 결혼 제도에 안착했다는 안정감도 좋았다.

어느 날 아들을 낳고 보니 책임져야 할 일, 의논해야 할 일, 분담해야 할 일, 양보해야 할 일이 눈덩이처럼 불어났다. 부부 사이 갈등도 서서히 수면 위로 떠오르기 시작했다. 사실 남편은 아빠로서는 100점이 아니라 1000점을 줘도 모자랄 만큼 훌륭한 사람이다. 출산 뒤 건강이 좋지 않던 나를 대신해 1년간 아이를 키웠고, 내가 아이를 돌보다 힘에 부쳐 전화하면 출근하다가도 번개처럼 집으로 달려왔다. 아들이 중학생이 될 때까지, 해마다 두 번 열리는 학부모 상담을 비롯한 학교 행사에 단 한 번도 빠지지 않았다. 초등학교를 졸업할 때까지는 매일 밤 아들에게 책을 읽어 주었고, 지금도 아들이 잠들 때까지 곁을 지키는 따뜻하고 신의 깊은 아빠다.

그러나 신경다양인 아들을 키운다는 건 일반적인 아이를

키우는 것과 비교할 수 없는 고된 수고와 끈기, 섬세함이 필요한 일이다. 그래서 자연스럽게 남편의 '다른' 점들이 점점 더 눈에 띄었다. 결국 아들이 진단받은 뒤, 우리 가족은 신경전형인 나와 비전형적인 부자(父子)로 구성되었다는 사실을 우리 모두 조금씩 받아들였다.

나는 아내로서든 엄마로서든 늘 지나치게 최선을 다해 살아야 했다. 남다른 아이를 키우면서 남편과 끊임없이 소통하고 협력해야 할 일이 산더미 같았다. 지치고 슬픈 날이면 감정적으로 지지해 줄 누군가가 간절했지만, 아들과 놀아 주고 돌보는 구실만 하는 남편은 내가 이해하고 참고 기다려야 하는 또 다른 '돌봄의 대상'이 되어 있었다. 내가 아들을 키우면서 당황하거나 이해되지 않아 답답한 순간을 하소연하려 할 때 남편도 아들과 비슷한 어려움을 겪고 있었기 때문에 이야기의 문도 열 수 없는 날이 많았다. 엄마로서 아들에게 기대하고 바라는 것과 아내로서 배우자에게 기대하고 바라는 것은 당연히 같을 수 없었다. 그러나 그 둘 사이의 틈은 내가 혼자 메워야 할 것이 되었다.

남편이 비전형인으로 태어난 것도, 그의 부모가 탁월한 점이 많은 아들의 진단을 놓친 것도 그의 잘못이 아니다. 그는 가족을 위해 그 나름대로 최선을 다했고, 나도 내 방식으로 최선을 다했다. 그러나 뇌가 전혀 다르게 작동하는 우리 둘은 서로를 이해하지 못한 채 끝없이 겉돌았다. 내가 내 뇌의 조건 아래 살아가듯, 남편도 자기 뇌가 작동하는 방식대로 살아갈 뿐이다. 이 사실을 우리는 누구보다 잘 안다. 그래서 그의 잘못도, 나의 잘못도 아니라는 결론에 이르렀다.

나는 유전이 이토록 강력하고 찬란하면서도 두려움을 불러일으킨다는 것을 우리 집 부자를 바라보며 압도적인 놀라움 속에서 수시로 실감한다. 뇌가 비슷하게 작동하는 두 사람을 보고 있노라면, 이보다 더 신비로운 광경이 또 있을까 싶다. 내가 아들과 가까워지려면 의도적으로 노력해야 했고, 아들이 흠뻑 빠져 있는 취미를 이해하기 위해 품을 들여 배워야 했다. 반면에, 남편과 아들은 말없이도 이심전심으로 서로 이해하며 깊이 연결되는 모습을 보여 주었다.

같은 진단명 아래에 있어도 이 둘은 마치 냉탕과 온탕처럼 전혀 다른 개별적 존재다. 만약 누군가가 모든 ADHD인이 과잉 행동을 하거나 말을 많이 한다고 생각한다면, 내 남편을 보고 그 생각이 깨질 것이다. 그는 세상에서 둘째가라면 서러울 만큼 점잖고 차분하고 진중하고 조용한 ADHD인이다.

가끔은 나도 우리 집 부자처럼 신경다양인이라면 얼마나

좋을까 하고 급진적인 상상을 해 본다. 내가 아는 한 커플은 결혼한 뒤 저마다 자폐와 ADHD 진단을 받았는데 샘이 날 정도로 잘 산다. 만약 나도 비전형인이라면, 자폐나 ADHD 당사자라면, 수시로 나를 지치게 한 남편의 특성들이 문제가 안 되지 않았을까? 부자가 자연스럽게 어우러져 즐기는 세계에 나도 아무런 이질감 없이 녹아들 수 있었을지도 모른다.

어느 날 두 사람이 거실에서 TV 프로그램에 빠져 행복해하는 모습을 신기하다는 듯 보는 내게 아이 아빠가 '명언'을 날렸다.

"당신은 공부해서 머리로 아이를 이해하지만, 난 본능적인 가슴으로 이해해요."

100퍼센트 맞는 말이란 걸 삶으로 깨달았지만, 때론 이 진실이 가슴을 후벼 판다. 세 식구, 나와는 너무 다른 두 사람과 사는 일은 한겨울 한파가 뼈를 때리듯 시린 외로움으로 다가왔고 나날이 혼잣말이 늘었다. 어쩌다 보니 내가 세상에서 제일 부러운 사람은, 아이들이 모두 장애인이라도 남편만은 비장애인인 여자가 되어 있었다. 아이의 장애를 놓고 남편과 상의할 수 있는 여자는 얼마나 복되고 복될까? 남편은 아이가 겪는 ADHD 특성과 어려움을 이야기하고 그걸 관리할 방법을 찾자고 내가 말하면 발끈했고, 겨우 대화의 물꼬를 터도 깊이 있게 대화하기는 어려웠다. 어쩔 수 없었다. 그게 남편 장애의 주요 특성 중 하나니까.

ADHD는 마치 계란판 위를 걷듯, 방심하지 말고 늘 조심하라는 것 같다. ADHD의 대표적인 특징이 충동성과 즉흥성인데, 이는 행동이나 말이나 감정 등을 비ADHD인처럼 억누르거나 지연할 힘이 부족하다는 뜻이기도 하다. 물론 같은 ADHD 당사자라도 성격, 가정환경, 문화, 가족 내 역학, 나이, 성별에 따라 다양한 양상을 보인다. 그러나 일반적으로 ADHD인은 행동, 말, 생각이 과잉되며 감정 조절이 쉽지 않은 경향이 있다. 기분이 좋으면 지나치게 들뜨고, 기분이 나쁘면 순간적으로 격하게 무너진다. 남편이 ADHD인이란 걸 몰랐던 시절에 나는 수시로 억울했다. 나의 기준에는 전혀 화를 낼 상황이 아닌 데도 왜 별안간 화를 내거나 기분이 나빠지는지를 도통 이해할 수 없었다.

일찍 진단받고 조기에 개입이 시작된 아들은 학교에 점차 적응하면서 자신의 삶을 차분히 감당해 나갔고, 그 덕분에 나는 '장애인 지원사' 일을 시작했다. 이렇게 일터에 나가는 건 단순한 돈벌이를 넘어 내 정신 건강을 지탱하는 치료의 한 방식이 되기도 했다. 아들과 정기적으로 만나던 소아청소년과 전문의가 어느 날 내 정신 건강을 걱정하면서 말했다.

"아이가 자폐나 ADHD 당사자일 때 흔히 부모 중 한쪽이 자녀와 특성을 공유합니다. 그럼 비장애인 배우자가 정신적 어려움을 겪는 경우가 꽤 많아요."

곰곰이 생각해 보면 아주 당연한 얘기다. 장애 자녀를 키우는 부모, 특히 엄마 중 상당수가 불안과 우울감을 호소한다. 그런데 자녀만이 아니라 배우자까지 돌봐야 한다면, 제정신으로 버틸 수 있는 사람이 과연 얼마나 될까? 나도 예외는 아니었다. 마치 천천히 끓는 물에 빠진 개구리처럼 나도 모르게 정신이 망가졌고, 결국 석 달 사이 응급실에 두 번이나 실려 가는 지경에 이르렀다. 남편과 대화가 엇갈릴 때마다 숨이 쉬어지지 않고 심장이 찢어질 듯 아팠다. 누우면 가슴에 철근이라도 얹힌 듯 숨이 턱턱 막히고 이유도 모르게 눈물이 솟구쳤다. 눈에 붙은 수도꼭지가 고장이라도 난 듯, 한번 터진 눈물은 도무지 멈추지 않았다. 원래 허약한 내 몸이 10년 넘게 심리적 스트레스를 버티다 끝내 다 망가져 버린 듯했다. 심장 관련 검사와 몇몇 기본 진료를 마친 뒤, 두 번째 만난 응급실 의사가 나한테 조심스럽게 물었다.

"검사상 아무 이상이 없습니다. 이런 경우엔 심리적인 원인을 고려해 봐야 해요. 혹시 극심한 스트레스를 받고 계신가요?"

이런 질문에 오히려 남편이 충격받은 듯했다. 서로 더할 수 없을 만큼 열심히 최선을 다해 후회도 미련도 없던 우리는 큰 불화 없이 부부 관계를 끝내는 데 합의했다. 서로 건강하게 오래 사는 것이 모두에게 이롭다는 데 쉽게 동의할 수 있었던 우리는 앞으로 아이를 함께 키우는 친구이자 동지로서 살기로 했다. 부부로서는 어렵기만 하던 합의와 동의가 갈라서는 일을 두고는 놀랍도록 잘 됐다.

아들 손을 잡고 소아청소년과 전문의를 찾아가는 일은 큰 문제가 되지 않았다. 아직 어린 아들은 의사를 만나는 데 편견이 없었고, 나는 엄마로서 병원에 데려가 진단과 함께 주요한 지원과 도움을 받을 수 있도록 안내할 수 있었다. 하지만 남편은 달랐다. 그가 스스로 원하지 않는 한, 아무리 다양한 지원 체계가 있어도 그 어떤 구원의 방법도 그에게 닿지 못했다. 자폐인과 ADHD인은 고집이 매우 센 경우가 많다. 나는 남편을 통해, 부모가 자녀의 장애 진단을 받아들이는 속도와 방식이 제각각 다르듯 장애 당사자가 자신의 '다름'을 받아들이고 이해하고 소화해 내는 데 걸리는 시간과 깊이도 제각각 다르다는 사실을 배웠다.

가족이라는 이름으로 묶여 있지만 잘 맞지 않는 세 사람이 의무적으로 함께하던 시간이 한 지붕 아래 별거를 시작한 뒤 사라지면서 아빠와 아들, 엄마와 아들의 시간이 자연스럽게 분리되었다. 그리고 그 덕분에 아들이 엄마나 아빠와 보내는 시간이 질적으로 더 풍부하고 다양해졌다. 가족이면 기대가 있어서 수시로 서운하지만, 남이라고 생각하면 아주 작은 도움도 고마워한다. 남에게는 기대가 없으니 상처받을 일이 적고, 잦은 불화의 온상이던 서로 다른 삶의 방식을 이제는 타인으로서 존중해야 한다. 아들과 관련된 일이 아니라면 남편과 함께하지 않으니 삶의 방식 때문에 타협점을 찾아야 할 이유도 없어졌다. 결과적으로 한 지붕 별거는 서로에게 아주 효과적으로 작동 중이다.

아들이 남편처럼 살지 않기를 바라며 진단을 받게 한 뒤 바로 아들에게 ADHD가 뭔지, 특별한 장점과 일상적인 어려움은 어떤 것인지 알려 주고 그 어려움을 관리하고 조절하며 살아가는 것이 인생이라고 말해 주었다. 고혈압, 당뇨, 비만, 스트레스, 불안……. 누구나 평생 뭔가를 관리하면서 산다고 설명했다. 엄마가 매일 건강관리하듯 아들도 뇌의 특징을 잘 이해하고 스스로 돌보며 살아가야 한다고도 일러 주었다. 어린 아들이 내 말을 다 이해했는지는 알 수 없지만, 알아듣든 못 알아듣든 그렇게 말했고 지금도 가끔 환기해 준다.

타고난 모습 그대로 아낌없는 사랑과 적절한 치료를 받은 아들은 점점 더 따뜻해지며 유머가 넘치는 즐거운 아이로 성장했다. 이제 중학생인 아들은 자신의 정체성을 받아들이고 나랑 농담까지 나눌 만큼 자랐다.

"아들, 네 ADHD 좀 잡아 줘. 엄마 너무 힘들어."

"엄마! 미안한데……, 그게 내 맘대로 잘 안 돼."

장애를 두고 웃으며 나누는 대화. ADHD라는 말만 꺼내면 버럭하던 아이 아빠와 달리 깃털처럼 가벼운 대화를 하는 아들과 나의 관계가 내 숨통을 틔운다. 어느 날 학교에서 돌아온 아들이 말했다.

"엄마, 난 내가 자랑스러워!"

이건 아들이 진단받은 순간부터 오랫동안 내가 가장 듣고 싶던 말이다. 장애를 부끄러워하지 않는 아이로 키우는 것이 나에게는 가장 중요한 과업이었기 때문에, 이 말을 들은 순간 나는 세상에서 가장 행복한 엄마가 되었다.

좋아하는 일에 푹 빠지는 아들의 특성을 고스란히 살리기 위해, 잘하는 것은 격려하고 어려운 것은 전문가의 도움을 받아 함께 다듬어 가는 동안 아들은 자기 효능감과 성취감을 아는 아이로 자라고 있다. 미소 가득한 아들의 얼굴을 보면서 나는 한 사람의 자긍심은 결코 다른 사람보다 우월해서 생기는 것이 아니며 세상이 정한 기준에서 비롯할 이유도 없다는 사실을 깨달았다.

　누군가에게는 '저주'처럼 여겨지는 ADHD가 다른 누군가에게는 '슈퍼 파워'가 될 수 있다는 것. 그리고 이 두 얼굴은 동전의 양면처럼 한 사람 안에 동시에 존재한다는 것. 이제 나는 안다. 상반된 두 속성을 현명하게 조율하는 것이야말로 ADHD와 함께하는 삶의 고단함이자 아름다움이라는 진리. 나는 마침내 이걸 아는 엄마가 되었다.

모드를 바꿀 시간

"나이 들어 보니까 자폐가 아니라 ADHD 때문에 도저히 살 수가 없어. 멈추는 게 너무 어려워. 내 손 좀 봐. 잠시도 가만 있질 못하겠어. 너도 정신없지?"

사실 그랬다. 친구 캐럴과 이야기를 나눌 땐 언제나 어수선했다. 자기 집 앞마당에서 잠깐 대화할 때도 캐럴은 끊임없이 손을 움직이며 나뭇잎을 땄고, 대화 주제는 이리저리 튀며 순식간에 바뀌었다. 말이 빨라서 내가 끼어들 틈조차 없고, 행동은 종잡을 수 없이 부산스러웠다. 영어를 하면 가뜩이나 신경을 곤두세워야 하는데 주제가 수시로 바뀌고 말까지 빠르니, 대화를 온전히 이해하려는 마음은 이미 접고 있었다.

어차피 ADHD인 중에는 자기 머릿속에 퐁퐁 솟아오르는 생각을 말하기 바빠서 다른 사람의 대답을 기다릴 여유조차 없는 경우가 많다.

"너도 알다시피 ADHD는 계획 세우고, 정리하고, 실행하는 게 정말 어렵잖아. 일상을 유지하는 것 자체가 너무 힘들어. 애 둘을 도시락 싸서 학교 보내고 나니까 기운이 다 빠지고 집이 엉망진창이야."

캐럴은 집으로 들어가 차 한잔 마시자고 했지만 내가 정중히 사양했다. 캐럴 말대로 집 안이 폭탄 맞은 듯할 게 뻔했다. 캐럴 가족 모두가 ADHD인이니, 이 집의 아침 풍경은 굳이 보지 않아도 머릿속에 또렷하게 그려졌다.

마흔 살에 자폐·ADHD 진단을 받은 호주 토박이 친구 캐럴의 집에는 신경다양인만 산다. 두 아들이 자폐와 ADHD 진단을 받는 과정에 캐럴 부부도 저마다 정체성을 확인했다고 한다. 캐럴은 자폐·ADHD, 남편은 ADHD 진단을 받았는데 이들의 관계는 질투가 날 만큼 다정하고 돈독하다.

2020년, 내가 호주에서 가장 먼저 시작한 공부는 특수실무사 자격증 과정이다. 장애인 지원사 과정처럼 6개월 과정에 4주간 특수학교나 완전 통합을 하는 호주의 일반학교에서 실습을 해야 하는 과정이다. 이 과정 중에 같은 반에서 캐럴을 만났다. 자폐인의 자부심 운동에 진심인 캐럴은 같은 반 수강생들에게도 늘 당사자의 눈으로 장애를 보는 방법에 대해 열정적으로 알려 주었다. 이보다 더 좋은 선생은 없었다. 나는 캐럴 같은 당사자들에게 자폐에 대한 '의료적 관점' 대신 '사회적 관점'을 배우기 시작했다.

장애를 의료적 관점에서 보면 장애인이 겪는 모든 어려움을 그 사람의 장애 탓으로 돌린다. 그 반면 사회적 관점은 장애를 개인의 문제가 아니라 사회적 장벽, 즉 제도나 구조의 미비와 부적절한 환경과 사회 구성원의 낮은 장애 인식과 이해 등에서 비롯한 것으로 본다. 예컨대 휠체어를 탄 신체장애인이 2층에 있는 식당에 갈 수 없는 이유를 '그 사람의 장애 때문'이라고 말한다면 의료적 관점이고, '승강기가 설치되지 않았기 때문'이라고 말한다면 사회적 관점이다.

"당분간 자폐 고객, ADHD 고객은 소개하지 말아 주세요."

한동안 자폐인과 ADHD인 고객을 받지 않았다. 장애인 지원사로서 이 분야에 특화되었기 때문인지 에이전시에서 계속 신경다양인 고객을 내게 연결했다. 하지만 매일 집에서 ADHD 가족과 지내는 마당에 일터에서까지 같은 유형의 사람들을 만날 필요는 없다고 생각했다. 다양한 장애 당사자를 지원해 보고 싶기도 해서 잠시 거리를 두기로 한 것이다.

그러던 중 오랜만에 에이전시가 보낸 문자를 받았다. 한참을 망설이다 결국 지원하기로 한 고객 F는 30대 후반의 자폐·ADHD인으로, 열한 살짜리 자폐·ADHD 아들을 키우는 싱글맘이다. 에이전시의 설명으로는 F가 지능과 일상생활 기능이 모두 뛰어나고 언어 소통에도 큰 어려움이 없어서 비교적 독립적인 생활을 할 수 있고, 아들은 기능이 낮고 비언어적 소통을 하지만 전담 지원사가 있으니까 나는 주로 엄마인 F를 지원하면 돼 '수월'할 거라고 했다.

여기에서 꼭 짚고 넘어가야 할 게 있다. 흔히 쓰는 '고기능 자폐'라는 말이 자폐에 대한 이해가 부족한 비자폐인에게 큰 오해를 불러일으킬 수 있다는 점이다. '고기능'이란 용어 때문에 자폐 당사자가 비자폐인과 거의 같은 수준으로 학교생활을 하거나 직업을 유지하거나 일상을 문제없이 영위할 수 있다고 여기기 쉽다는 점이다. 하지만 이는 현실과 거리가 있다. 몇 년 전 신드롬을 일으킨 드라마 〈이상한 변호사 우영우〉의 주인공처럼 지능과 특정 업무 능력이 뛰어난 자폐인이라도 안정적으로 직업을 유지하고 일상생활을 꾸려 가려면 주변의 깊은 이해와 지속적인 지원이 반드시 필요하다. 드라마 속에서 천재 같은 우영우가 회전문 지나기를 어려워하는 모습은 자폐 특성에 따른 실제 기능상 어려움을 상징적으로 보여 준다. 사실 조금만 생각해 보면 자명하다. 만약 자폐인이 특정한 영역에서 고도의 지능과 기능만으로 모든 것을 잘 해낼 수 있다면, 왜 여전히 '자폐성 장애'라는 진단이 내려지고 정부가 예산을 들여 가며 장애인 지원사를 배치하겠는가?

가끔은 모르는 게 약이다. 나로서는 신경다양인만 사는 집의 상태와 가족 간 역학, 내가 맡게 될 지원의 양상까지 머릿속에 선명하게 그려졌다. 그래서 선뜻 결정하기가 어려웠다. 마사지 치료 지원, 장보기 동행, 지역사회 참여 활동 등 F가 요청한 지원은 대부분 외부 활동 중심이었다. 그리고 한번 해 보고 서로 맞지 않으면 다시 배정하지 않겠다는 에이전시 직원의 말에 결국 흔들렸다.

"이 구역은 CCTV 카메라가 작동 중입니다. 이 구역은 CCTV 카메라가 작동 중입니다."

F의 집에 들어서자마자 기계음에 깜짝 놀랐다. 따뜻한 환영 대신 차갑고 반복적인 기계음이 나를 맞았다. 내가 움직일 때마다 울리는 CCTV 경고음이 마치 이렇게 말하는 듯했다.

"당신은 지금 자폐와 ADHD의 세계로 진입했습니다."

나는 마음속에 장착한 '자폐 모드' 스위치를 켠다. 이제 내 몸과 마음의 감각을 자폐인의 특성과 문화에 맞게 조정할 때다.

경험상, 내가 비자폐인이라는 사실을 잠시 잊고 아무런 준비 없이 급작스럽게 자폐 고객을 만나 지원하다 보면, 내 몸에 배어 있는 습관 때문에 예기치 못한 어려움이 자주 생긴다.

한번은 강박 특성이 매우 강한 자폐 고객을 만났는데, 눈에 보이는 대로 아무 물건이나 쓰레기통에 버리는 습관이 있고 자주 물병을 입에 물고 씹었다. 그런데 내가 이 고객의 특성을 충분히 고려하지 않고 내 물병을 식탁에 올려 두었고 어느 순간 보니, 이빨 자국이 뚜렷하게 새겨진 내 물병이 쓰레기통에 처박혀 있었다. 이 일은 전적으로 내 실수였다. 고객의 특성을 미리 헤아리지 못한 점도 문제지만, 무엇보다 내 마음속 '자폐 모드' 스위치를 켜지 않은 것이 가장 큰 문제다. 그래서 나는 고객의 특성에 맞춰 내 행동 방식과 감각을 조정하는 전략을 일종의 생존 방식으로 삼고 있다. 역설적이지만, 내가 자폐인이나 ADHD인 고객 지원을 망설인 이유도 바로 여기에 있다.

내가 자폐인이나 ADHD인을 지원할 때 몸과 마음을 그들의 감각에 맞게 활짝 열어 둬야 한다는 말은, 발달장애가 없는 장애인을 지원할 때보다 정신적으로 더 많은 에너지가 필요하다는 뜻이기도 하다. 특히 F의 가족처럼 구성원 모두가 신경다양인인 경우에는 집안 전체가 그들의 특성에 맞춰져 있을 가능성이 높아서, 내게는 환경 자체가 낯설고 불편하게 다가오는 문제가 있다. 자폐인이 자신의 뇌를 신경전형인의 뇌처럼 바꿀 수 없듯, 나도 내 뇌를 자폐인의 뇌처럼 바꿀 수는 없다. 그래도 서비스를 제공하는 내가 고객의 만족을 위해 내 모드를 바꿔야 한다는 사실은 분명하다.

기계음이 몇 차례 울리고 나서야 F가 현관문을 열어 주었고, 내가 집 안으로 들어섰다. 숨 돌릴 틈도 없이 내가 해야 할 일을 쏟아 낸 F가 잠시 기다려 달라며 거실에 놓인 커다란 컴퓨터 모니터 앞에 앉아 하던 일을 이어 갔다. 그 뒤통수를 보다 거실로 눈길을 돌려 본다.

집 안 곳곳에 자폐와 ADHD의 흔적이 가득하다. 밝은 빛을 꺼리는 자폐인의 특성에 맞춰 집 안은 마치 촛불 하나 켠 동굴처럼 어두웠는데, 노안 때문에 안경을 써도 잘 보이지 않는 나는 답답함을 느꼈다. 여기저기 엉킨 전선에 매달려 크리스마스 장식처럼 알록달록 반짝이는 전구가 시각적 자극을 추구하는 자폐인이나 ADHD인에게는 이상적일지 몰라도 내가 보기에는 어지러웠다. 내가 좋든 싫든 자폐인은 자신의 특성에 맞게 환경을 조정할 권리가 있고, 이곳은 자폐인만 사는 F의 집이다. 거실 한가운데 놓인 빨래 건조대 두 개에 덜 마른 빨래가 가득 널렸다. 소파에 또 그 아래에 짝이 안 맞는 양말 몇 켤레와 티셔츠가 흩어졌는데, 아들이 놀다 그대로 빠져나갔는지 딱풀이며 크레용이며 종이까지 바닥을 차지하고 있었다. F에게는 익숙하고 자연스러운 풍경이겠지만, 나는 발 디딜 데를 찾느라 바빴다. 마치 지뢰밭을 걷는 것처럼 어디에 발을 딛고, 어디에 시선을 두며, 어디에 잠시라도 엉덩이를 붙여야 할지 알 수 없었다.

자폐인 중에는 자신이 정해 놓은 패턴과 질서가 흐트러지거나 예기치 않은 변화가 일어날 때 불안과 불편을 느끼는 경우가 많아서, F가 요청하지 않는 이상 어수선한 물건에 손대지 않는다. 빨래를 개어 달라고 하면 개고, 설거지를 도와 달라고 하면 돕고, 물건 정리도 요청한 부분만 정리해 준다. 아니나 다를까, 거실 벽에 붙은 커다란 화이트보드에 자주 드나드는 장애인 지원사들을 위한 안내 문구가 큼직하게 적혀 있었다.

"절대로 우리 집 물건을 맘대로 옮기지 말 것!"

여전히 가끔씩 F를 지원하러 간다. 어느 날엔가는 F의 아들이 참여하는 스카우트 그룹의 기금 마련 행사인 소시지 바비큐 현장에서 F와 내가 겨자와 케첩으로 분장하고 소시지 춤을 추기도 했다. 도대체 그 의상과 소품을 어디서 구했는지 궁금하고 창의적인 아이디어에 웃음이 나오는 한편 내가 이런 일을 자연스럽게 해내는 사람이라는 사실에 스스로 놀랐다. 스승의 날 무렵에는 F의 아들이 다니는 특수학교 교사들에게 줄 선물 상자 20여 개를 나르기 위해 30분 정도 운전해서 상자 공장에 다녀오기도 했다. F의 집에 꾸며졌지만 정리정돈이 안 된 감각 지원 방(자폐인은 세상의 감각, 즉 시각·청각·촉각·미각·후각을 받아들이는 방식이 비자폐인과 다르다. 이 때문에 많은 자폐인이 예민하고 까다롭다는 비판을 받기도 하는데, 이는 사람이 많이 모여 번잡하고 소란스러운 장소에서 사회적 관계를 맺는 데 어려움을 겪는 주요한 이유이기도 하다. '감각 지원 방'이란 외부 자극에 과도하게 노출되었거나 스스로 자극을 주어 감각을 조절하려는 자폐인을 위해 다양한 감각 지원 도구를 갖춘 공간을 뜻한다.)에서 F가 원하는 물건을 찾다가 해충 포획용 끈끈이를 밟고 떼어 내느라 진땀을 뺀 날도 있다. 한마디로 F를 지원하는 일은 그의 독특한 자폐적 특성과 분주한 ADHD 특성만큼이나 어수선하고 예측할 수 없는 사건으로 가득하다.

내 몸에는 두 개의 신경족 스위치가 있다. 장애인 지원사란 직업인으로서 신경다양인 가족과 사는 내 일상은 이 스위치를 상황에 맞게 수시로 바꿔 켜야 평화롭고 안전하게 유지된다. 물론 내가 스위치를 켠다고 완전한 신경다양인이 될 수는 없지만, 최소한 방심한 채 당황하거나 놀라는 일은 줄일 수 있다.

한편으로는 두 가지 모드를 자주 바꾸다 방전되지 않을까 걱정되기도 한다. 그래서 늘 나 자신의 삶과 장애인 지원사라는 직업 사이에서, 신경전형인 고객과 신경다양인 고객 사이에서 균형을 잡으려고 노력한다. 이제 두 세계를 넘나들며 살아가는 데 제법 익숙해졌고, 그 속에서 재미도 느낀다. 대부분의 사람들이 경험하지 못할 두 세계를 겪으면서 살다 보니 한 번에 두 인생을 사는 기분이 들기도 한다. 어쩌다 이번 생에 덤으로 또 다른 삶 하나를 얻었다.

가면을 벗어던질 결심

'자폐인과 ADHD인은 덕후'라는 말에 예외가 없다는 사실을 증명하는 고객 H는 영국 뮤지션 조지 에즈라(George Ezra)의 열렬한 팬이다. H가 머무는 모든 곳에 늘 에즈라가 함께한다. 티셔츠·방석·방의 벽면은 에즈라의 얼굴로 뒤덮여 있고, 항상 들고 다니는 태블릿에는 그의 노래가 빼곡하다. H의 소원은 언젠가 에즈라가 멜버른에서 공연하는 날 현장에서 그의 얼굴을 마주하는 것이다. 내가 지원하는 네 시간 동안 H는 유튜브로 에즈라의 공연 영상을 보고 태블릿으로 그의 노래를 따라 부른다. 에즈라의 얼굴, 노랫말, 목소리에 깊이 몰입해 눈물을 글썽이거나 소리를 지르기도 한다. 마치 남자 친구로서 에즈라가 곁에 있는 듯 또는 이미 상상 속에서 그의 콘서트에 가 있는 듯 감격에 겨워 소리 지른다.

"사랑해, 조지!"

무아지경에 빠진 H를 보면 나는 죽었다 깨어나도 도저히 따라갈 수 없는 열정의 강도와 깊이가 신경다양인에게 있다는 걸 새삼 실감한다. H는 마치 세상에 이렇게 외치는 듯하다.

"뭔가를 사랑한다면 이 정도는 돼야지! 안 그래?"

아들을 키우고 신경다양인을 자주 지원하면서 나는 가끔 스스로를 돌아보게 된다. 반평생 가까이 살면서 과연 뭔가를 미치도록 사랑해 본 적이 있나?

아들은 뭔가를 사랑하게 되면 그야말로 끝장을 본다. 관심 없고 재미없는 일엔 눈길조차 주지 않던 아들이 초등학교 저학년 때 큐브 조립에 빠지더니 눈만 뜨면 큐브를 만지작거렸다. 결국 12초대를 기록하면서 학교에 큐브 열풍을 일으켰고, 친구들의 큐브를 닦아 줄 정도로 몰입했다. 5학년 때는 전자 기타에 빠졌다. 모든 일을 제쳐 두고 유튜브 동영상을 보면서 연습을 거듭하더니 레드 제플린(Led Zeppelin)의 〈스테어웨이 투 헤븐(Stairway to Heaven)〉을 연주해 기타 강사를 혼비백산하게 만들었다.

언뜻 보면 천부적 재능이 있는 것 같은 아들이 일상생활에서는 마치 골다공증 환자의 뼈처럼 이곳저곳에 구멍이 송송 나 있다. 물을 마신 뒤 컵을 싱크대로 가져다 놓으라고 어릴 때부터 꾸준히 가르쳤지만 지금도 자주 잊는다. 안경을 방금 어디에 뒀는지도 기억하지 못해 집 안을 허둥지둥 돌아다니고, 과학 숙제나 수학 시험이 있다는 사실은 늘 당일 아침에야 떠올린다. 만약 ADHD라는 진단명이 없었다면, 나는 천재인가 싶기도 한 아들이 치매를 타고나진 않았는지 의심했을 것이다.

H 같은 신경다양인 고객들을 지원하면서 나는 이들에게 있는 '탁월함'과 '천재성'이 도대체 어디서 비롯하는지, '천재와 바보는 종이 한 장 차이'라는 말이 뭘 뜻하는지 깨닫기 시작했다. 만약 천재성을 '자신이 좋아하는 일에 자발적으로 몰입하고 끝까지 집중하는 힘'이라고 정의한다면, 자폐인과 ADHD인 중 천재성이 있는 사람들이 결코 적지 않을 것이다.

2003년생 ADHD인 고객 H와 반년 넘게 격주로 토요일에 만나 네 시간씩 함께 보낸다. 내가 할 일은 집에서 나가기 싫어하는 H를 잠시라도 바깥으로 이끌어 가까운 호수 주변을 산책하거나 쇼핑센터에서 주스 한 잔이라도 마시도록 격려하는 것이다. 외출에 성공한 날이면 H의 어머니 얼굴에 미소가 환하게 번진다. 워낙 아름다운데 더 빛나는 얼굴로 꼭 고맙다는 말을 건넨다. 이 말이 얼마나 진심인지, 자폐를 이해하는 사람이라면 단박에 알 수 있다. 많은 자폐인들이 집 밖 또는 낯선 장소나 낯선 활동, 낯선 사람을 극도로 두려워하거나 불편해한다. 말을 물가로 이끌 수는 있어도 억지로 물을 마시게 할 수는 없다는데, 어떤 말은 마구간 밖으로 끌어내는 것조차 커다란 도전이 되기도 한다는 사실을 H를 비롯한 자폐인 고객을 지원하면서 새록새록 깨닫는다.

운이 꽤 좋은 날도 있다. 화창한 날씨 덕인지, 주중에 참가한 프로그램에서 덜 피곤했기 때문인지, 내가 제안한 호숫가 산책을 H가 선뜻 받아들였다. 덕후는 외출할 때 준비물이 많다. 에즈라의 얼굴이 찍힌 티셔츠를 입은 H는 둥글고 길쭉한 파란색 스피커, 꽃무늬 뿔테 선글라스, 에즈라 얼굴이 찍힌 방석, 에즈라 노래가 담긴 태블릿, 물병까지 주섬주섬 챙겼다. 고작 30분 산책인데 캠핑처럼 준비물이 넘친다.

"방석은 차에 두고 내리는 게 어때? 다 들고 가려면 손이 부족할 거야."

"좋아."

다행히 H는 집을 벗어나면 실랑이를 잘 하지 않는 시원한 성격이다. 살랑이는 바람에 H의 검은색 단발의 굵은 머리

카락이 흩날리고, 청명한 하늘과 따스한 햇살 덕분인지 발걸음도 가볍다. 조용히 걷기만 하면 얼마나 좋을까? 한 손에 스피커를 마이크 삼아 들고, 다른 손엔 태블릿을 든 H가 에즈라 노래를 따라 부른다. 마치 그와 하나가 된 듯, 세상과 물아일체라도 이룬 듯 흥이 차올라서 춤까지 추며 걷는다.

호주의 장애인들은 흥이 많을까? 남의 눈치 덜 보고 취향대로 사는 사회에서 자란 덕분에 장애인도 자신을 표현하는 데 거리낌이 없나? 내 장애 고객들이 다 춤꾼이라고 해도 될 만큼 춤을 좋아한다. 다운증후군 고객도, 지적장애 고객도, 자폐 고객도 음악만 들리면 때와 장소를 가리지 않고 자동으로 몸을 흔든다. 허리 돌림이 어찌나 유연하고 어깨와 팔의 움직임은 또 얼마나 자연스러운지, 나무토막처럼 뻣뻣한 나는 그 모습을 볼 때마다 부럽다.

가만히 걷기만 한다면 아무도 H와 내가 '장애인과 장애인 지원사'라는 사실을 눈치채지 못할 텐데, H는 어눌한 발음으로 열심히 노래를 따라 부르고 춤을 추느라 다른 건 신경 쓰지 않는다. 가까이 지나가던 사람들이 H의 낯선 행동에 놀라 몇 초간 바라보다 이내 무심히 제 갈 길 간다. 마치 세상에 '마스킹'이란 말이 있는 줄도 모른다는 듯 노래하고 춤추는 H를 바라보며 언뜻 자유와 해방감을 느낀다.

정도 차이는 있지만 사람들 대부분이 상황에 따라, 장소에 따라, 관계에 따라 매일 가면을 썼다 벗었다 하면서 산다. 웃기지 않은데 웃어야 하고, 예쁘지 않은데 예쁘다고 말해야 하고, 상사 때문에 마음이 상해도 괜찮은 척해야 하며, 마음에도 없는 '좋아요'를 눌러야 할 때가 있다. 이렇게 가면을 쓰면 '눈치 빠르다'거나 '사회성 좋다'고 한다. 나도 수시로 가면을 썼다 벗었다 하며 살아간다. 직장에서, 친구들 사이에서, 심지어 가정에서도 요구되는 다양한 가면을 쓰면서 내 본모습은 감추고 타인의 기대에 부응하는 구실을 한다. 누구나 어느 정도는 가면을 쓰지만, 가면을 자주 오래 쓰고 있으면 어느새 진짜 '나'는 사라지고 '가짜 나'만 남은 듯한 피로와 공허가 밀려오기도 한다.

가면을 자주 두껍게 써야 하는 사람은 대체로 사회적 약자다. 사회적인 맥락에서 본모습으로는 받아들여지기 어렵고 차별이나 소외의 대상이 되기 쉬운 사람에게 가면은 선택이 아닌 필수가 되기도 한다. 자폐인은, 주류인 비자폐인에게 맞춰진 세상에 살면서 일상적으로 끊임없이 가면을 써야 하는 경우가 많다.

자폐인이 가면을 쓰고 사는 것을 자폐적 마스킹이라고 한다. 특히 자폐인 중에서도 상대적으로 지능이나 기능이 좋아서 고기능이라는 수식어가 붙은 자폐인일수록 마스킹에 능하고, 본인이 자폐인지를 모르고 사는 사람에게도 마스킹은 생존에 필수적이다. 그러나 자폐인의 마스킹에는 혹독한 결과가 따르기도 한다.

자폐인이 마스킹을 하는 근본적인 이유는, 비자폐인의 삶의 방식이 '정상'이고 '이상적'이라고 여기는 사회에서 살아남으려는 데 있다. 마스킹은 자폐적 특성을 감추고 비자폐인처럼 보이면서 사회적 불이익을 피하려는 처절한 생존 전략이다. 만약 자폐인의 독특한 말투와 행동과 대인 소통 방식이 혐오나 조롱, 비난의 대상이 되지 않는 사회라면 지금처럼 수많은 자폐인들이 마스킹을 할 이유는 없을 것이다. 아무리 마스킹에 능한 자폐인도 결국 '다름'이 드러날 수밖에 없다. 그래서 많은 자폐인들의 학령기에는 놀림, 배제, 왕따의 기억이 가득하며 성인이 된 자폐인 중에는 학창 시절의 트라우마 때문에 학교 근처를 지나갈 때조차 불안해져서 심장이 뛴다고 증언하는 이들이 적지 않다.

"자폐로 보이는 학생의 독특한 반응이 재밌다며 같은 학급 학생들이 수시로 이 학생을 자극하면서 놀려요."

한국의 고등학교 교사인 친구가 어떻게 지도해야 할지 난감하다며 내게 토로한 말이다. 만약 내 친구에게 자폐를 알아보는 눈이 없었다면 다르게 말했을 가능성이 높다.

"그 애가 이상해서 다른 애들에게 놀림받을 짓을 해요."

자폐인의 마스킹은 남성보다 여성에게서 특히 강하게 나타난다. 그래서 자폐인 남성에 비해 진단이 훨씬 늦어지거나 아예 진단받지 못하고 누락되는 경우가 많다.

그 영향이 얼마나 큰지 아들, 처제, 새아버지가 모두 자폐인이라서 평생 자폐 연구에 헌신하게 된 애트우드 박사는 자폐 여성이 "카멜레온 같은 마스킹의 대가"라고 했다.

"학교에서 돌아오면 아이가 축 처져서 너무 신경질적으로 짜증을 내고 한 시간이고 두 시간이고 저를 잡고 오만가지 불만을 시시콜콜 다 말해요. 너무 지쳐요."

딸의 자폐를 인지하지 못하는 엄마들이 이렇게 하소연하는 경우가 있다.

"집에서 왜 이렇게 짜증이 많고 예민한지 모르겠어요. 학교에서는 멀쩡하대요."

답은 자폐 소녀가 학교에서 종일 여느 아이들과 다른 자기 정체성을 숨기며 전전긍긍했기 때문이다. 언어를 문자 그대로 해석하는 경향이 강한 자폐인은 비자폐인 사회의 보이지 않는 규칙을 이해하기 위해 늘 긴장하고 애쓴다. 대인 소통 방식이 비자폐인과는 현저하게 다른 자폐인이 본인의 본성을 감추고 하루 종일 비자폐인들 속에서 타인을 연기하며 학교생활을 하는 것 자체가 고된 노동이 되곤 한다. 그래서 귀가 후 자폐 아동이 보이는 에너지 고갈, 짜증, 예민함의 정도는 학교생활이 얼마나 안전하고 편안했는지를 가늠하는 데 중요한 지표가 되기도 한다. 결국 마스킹의 가장 큰 문제는, 자폐 당사자에게 극심한 피로와 불안과 우울을 일으키며 정신 건강을 해치는 경우가 매우 흔하다는 점이다.

자폐는 질병도, 정신질환도 아니다. 하지만 자폐인이 비자폐인과 다르다는 이유로 정신적 고통을 안은 채 살아가기도 한다. 장애인 지원 현장에서는, 진단이라는 안전망에서 미끄러지고 마스킹만으로 겨우 버티다 결국 번아웃과 우울에 이른 10대 여성을 자주 마주하게 된다. 물론 남성 자폐인도 비슷한 어려움을 겪지만, 이 문제는 특히 여성 자폐인에게 더 자주 더 심하게 나타난다.

지적장애를 동반한 H에게는 가면이 거의 없다. 그래서인지 H와 함께 시간을 보내다 보면 '자폐'와 '비자폐', '신경다양인'과 '신경전형인', '장애'와 '비장애' 같은 골치 아픈 경계가 점점 더 무의미하게 느껴진다. H는 그저 있는 그대로 지금 이 순간을 살자고 말하는 듯하다. H의 기운이 내 안에 스며든다. 마침내 나도 서툰 춤 실력, 남들의 시선을 신경 쓰지 않고 주저 없이 그녀와 깔깔 웃으며 몸을 흔든다.

    H 덕분에 나도 오래된 가면을 훌훌 벗어던진다. 굳어 있던 내 몸을 바라보며 다짐한다. 하루빨리 댄스학원에 등록하겠다고, 1년쯤 뒤엔 H와 미친 듯 춤추며 거리를 활보할 거라고, 에즈라가 호주에서 공연하는 날 H와 마음껏 소리 지르며 춤추겠다고.

아는 만큼 보이고, 아는 만큼 대처한다

"엄마, 선생님들은 앞이 안 보이나 봐."

평일 저녁, 오랜만에 방문한 한국에서 부대찌개와 사랑에 빠져 돌아온 아들이 두툼한 햄을 씹으면서 말했다. ADHD 약효가 떨어질 때라, 명랑하고 쾌활하며 발랄한 본모습으로 돌아온 아들은 자기가 폭 빠진 주제에 대해 쉴 새 없이 말을 쏟아 낸다. 이렇게 자폐인이나 ADHD인이 관심 있는 분야에 대해 구체적이고 방대한 정보를 끊임없이 쏟아 내는 현상을 '인포덤핑(Infodumping)'이라고 한다.

아들은 같은 반 동급생 G가 도무지 이해되지 않는다고 했다. 커뮤니케이션 디자인 수업 시간에 모둠 활동을 하는데,

G가 갑자기 폭발하듯 손으로 책상을 치면서 울고불고 난리를 피웠다는 것이다. 아들이 그런 행동은 초등학교 저학년쯤에서 끝났어야 했다며 학급 친구들이 모두 깜짝 놀랐다고 전했다. 그런데 담당 교사는 G의 행동을 애써 무시하듯 전혀 반응하지 않았고, 30분쯤 지나 G가 울음을 그치고 나서야 "괜찮니?" 하고 묻더라는 것이다.

"그 선생님은 걔한테 관심도 없나 봐."

갑자기 정의감이 솟구친 아들은 부대찌개 속 라면 사리를 건져 올리면서 G의 '만행'들을 줄줄이 늘어놓았다. 호주의 중고등학교는 담임제가 아니라 교과 교실제라서 담임교사가 없고 대학처럼 교과별로 교실을 옮겨 다니면서 수업하기 때문에 지정석도 없다.

어느 날 아들 친구가 빈자리에 앉았는데 G가 와서 자기 자리라고 화를 내는 통에 아들 친구가 어이없어했다며 아들은 고개까지 설레설레 흔들고 '절대 이해할 수 없는 이상한 아이'라고 단언했다. 아들 말을 듣는 동안 내내 그 교실 풍경이 생생하게 그려지며 교사라는 직업은 참 어렵고 오해를 많이 산다는 생각이 들었다.

아들이 다니는 공립 중고등학교에는 장애 학생이 여럿 있고, 이들이 일반 학생들과 통합 수업을 받는다. 하지만 일반 학생은 급우의 장애 여부를 잘 알아차리지 못하는 경우가 많고, 교사도 장애 당사자의 특성을 눈치채기 어려울 때가 있다. 아들이 중학교 1학년일 때 영어 교사는 학부모 상담 시간에 본인 아들도 ADHD인이며 학교생활을 무척 어려워한다고 털어놓았다. 그리고 내 아들이 ADHD인이라는 걸 믿기 어렵다면서 나한테 비결이 뭐냐고 물었다.

아들 학교에는 통합교육을 지원하는 팀이 있어서 학생의 장애 정도와 요구에 따라 필요한 지원을 한다. 자폐 학생이 종일 전적인 지원이 필요한 경우가 아니라면 특수실무사 없이 완전 통합교육을 진행하는데, 이때 해당 학생에 대한 효과적 지원 방법을 일반 교사에게 미리 교육해 수업을 단독으로 운영할 수 있게 돕는다. 아들이 중학교에 들어가기 전, 아들을 오랫동안 만난 작업치료사와 통합교육 지원 팀에 찾아가 아들의 장점과 약점을 설명하고 교사들이 ADHD 학생을 어떻게 도울 수 있을지 논의했다. 요즘은 ADHD를 진단받은 학생이 워낙 많아서 대부분 교사들이 기본적인 지원 요령은 숙지하고 있다는 말을 들었다.

아들이 말한 G는 자폐인일 가능성이 높다. 비자폐인에 비해 자폐인의 뇌는 감각이나 감정을 처리하는 방식이 아주 달라서 주변의 자극이 지나치거나 스트레스나 불안이 심하면 쉽게 피로가 쌓이고, 순식간에 감정적으로 압도당하며, 감정의 기복이 크다.

"왜 사소한 일에 저렇게까지 화를 내지?"

"반응이 왜 그리 과해?"

동일한 상황에서 자폐인의 반응과 비자폐인의 기대가 전혀 다르기 때문에 자폐인은 자폐를 잘 이해하지 못하는 사람들이 내뱉은 '이상하다', '예민하다', '별나다', '눈치 없다', '사회성이 제로' 같은 말을 꼬리표처럼 달고 살아야 하는 경우가 흔하다.

감정이나 감각이 과부하돼 자폐인이 자신을 통제할 수 없을 때 에너지가 외부로 터져 나오는 현상을 '멜트다운(meltdown)'이라고 한다. 울거나 소리 지르거나 과격한 행동으로 드러나지만, 이것은 본능적인 자기 보호 방법이다. 하지만 이를 이해하지 못하는 사람의 눈에는 가정교육이나 성격의 문제로 비치기 쉽다는 사실이 안타깝다. 심지어 자녀의 자폐 특성을 이해하지 못한 부모가 자녀에게 가장 절실하게 도움과 지원이 필요한 순간에 자녀를 혼내는 슬픈 장면도 가끔 보인다. 동일한 상황에서도 자폐 당사자가 얼어붙은 듯 대답이 없거나 말을 피하고 조용한 구석을 찾는 등 전혀 다른 모습, 즉 에너지가 고갈된 모습으로 '셧다운(shutdown)'이 일어나기도 한다. 그런데 이때 겉보기와 달리 당사자 내면은 아주 혼란스럽고 고통스럽다.

이런 상황에서 지원자나 보호자나 교사로서 가장 현명한 태도는 "왜 그래?", "뭐가 문제야?", "어떻게 도와줄까?" 같이 우리가 일상적으로 쉽게 하는 질문을 삼가는 것이다. 멜트다운이나 셧다운에 처한 당사자는 이미 질문을 받아들이고, 이성적으로 사고하고, 언어로 조리 있게 반응할 만한 상태가 아니기 때문이다.

따라서 아들이 비난한 교사는 오히려 모범적으로 대응한 셈이고, 아마 자폐인에게 일어날 수 있는 특수 상황에 대한 교육을 잘 받았을 것이다. 불필요한 언어적 개입을 삼가며 멜트다운 상태에서 취약한 학생의 신체적 안전을 확보하고 조용히 기다리는 것, 이것이 멜트다운이 시작됐을 때 가장 이상적인 대처 방식이다.

물론 멜트다운이 일어나기 전에 이를 촉발하는 원인, 트리거를 미리 파악하고 예방하는 것이 가장 바람직하다. 하지만 학생의 미묘한 표정이나 몸짓에서 신호를 감지하기란 특수교사나 자폐 아동의 부모에게도 어려운 일인데, 하물며 수십 명을 한 교실에서 가르치는 일반 교사에게는 현실적으로 무리한 요구일 수 있다.

누군가 자폐인을 한마디로 설명해 달라고 한다면, 나는 이렇게 말할 것이다.

"존재하는 방식 자체가 비자폐인과는 전혀 다른 사람입니다."

겉으로는 똑같이 음식을 먹고, 옷을 입고, 대화를 나누는 듯 보일 수 있다. 하지만 자세히 들여다보면, 자폐인에게는 자폐인만의 방식이 있다. 먹는 방식, 옷을 고르고 입는 기준, 소통하는 방법, 감각과 정보를 받아들이고 처리하고 표현하는 방식에도 비자폐인과 뚜렷이 다른 점이 있다.

자폐인의 특성은 개인별로 다른데, 거의 모든 자폐인이 공통적으로 가장 어려워하는 두 가지가 있다. 바로 '변화'와 '깜짝쇼'다. 대부분 아이들이 손꼽아 기다리는 생일잔치에 참석하는 것이 자폐 아동에게는 너무나도 고될 수 있다. 그 자리에 예상할 수 없는 상황이 도사리고 있으며, 시끄럽고 분주한 공간에서 감각이 포화 상태에 이르기 때문이다. 크리스마스에 깜짝 선물을 받고 좋아하기는커녕 울음을 터뜨리는 자폐 아동도 있다.

자폐 아동을 키우는 부모는 가끔 이렇게 탄식한다.

"집 밖으로 나가는 것 자체가 무한 도전이다."

세상에 나와 다양한 것을 보고 듣고 익히고 배우는 과정은 인간의 성장과 교육에 꼭 필요하고, 대부분의 아이들은 이 과정에 호기심 어린 적극적 자세로 참여하며 즐긴다. 그러나 집 밖 세상은 끊임없는 변화로 가득하고 예측할 수 없는 사건들이 밀어닥치기 때문에 자폐 아동에게 외출은 매번 감각적, 심리적 충격을 불러오기 쉽다.

인간이 세상에 태어나서 접하는 모든 것이 '처음'인 때가 있다. 그렇다 보니 변화와 깜짝쇼를 기피하는 특성이 있는 자폐 아동과 그 가족의 삶은 이 처음이 고난과 장벽으로 채워지기 마련이다. 자연스럽게 자폐인은 '루틴을 사랑하는 존재'가 된다. 일정한 생활 방식과 친숙하고 예측할 수 있는 환경이 자폐인에게 안정감을 주고, 뇌의 피로도를 낮추는 데 큰 도움이 된다. 한마디로, 자폐인의 모든 행동에는 분명한 이유가 있다. 그러나 일반적으로 그 행동 뒤에 숨은 이유를 이해하거나 해석하지 못하기 때문에 자폐 당사자들은 본의 아니게 오해 속에서 살아간다.

이런 점에서 G가 또래와 달리 수업마다 바뀌는 교실의 자리 배치에 불편을 느끼고 매번 같은 자리에 앉기를 고집한 이유를 알 수 있다. 대부분의 아이들은 과목이나 교우 관계, 분위기에 따라 자유롭게 자리를 옮기며 적응할 수 있지만 자폐 학생들 중에는 이를 어려워 하는 경우가 종종 있다.

G의 자폐 진단이 급우들에게 노출되지 않은 듯한 상황에서 G의 특성을 이해하지 못하고 부정적으로 단정하는 아들에게 이렇게 말해 주었다.

"아들, 너도 같은 반 친구들한테 ADHD란 사실을 알리지 않지? 그런데 친구들이 모른다고 해서 네 ADHD가 사라지지는 않잖아. 어쩌면 G는 꼭 그 자리에 앉아야 하는 이유가 있었을 거야. 네 눈에 그 이유가 보이지 않는다고 해서 G가 이상하다는 뜻은 아니야. 네가 친구들에게 조금 더 친절해지면 좋겠어."

물론 아들은 내 말을 다 이해하지 못했을 거다. 그럼 또 어떤가? 다음에 또 말해 주면 된다. 나는 이미 반복과 지속성의 힘을 믿으니까 크게 걱정하지 않는다.

"Z를 다시 소리 내 봐요."

얼마 전 자폐·ADHD를 진단받은 초등학교 4학년 소녀 I를 지원했다. I는 첫 만남부터 내 손을 꼭 잡고 집 안을 소개하겠다며 이리저리 데리고 다녔다. 주저리주저리 학교 이야기를 풀어놓고, 자신의 감정 지원을 위해 훈련받았다는 강아지 마일로에 대해서도 신나게 설명했다. 세 살 난 비장애 동생을 잘 챙기고 사람을 좋아하는 사랑스러운 아이다. 잠깐 겉으로 드러나는 면만 보면 I가 왜 자폐성 장애라는 진단을 받았는지 이해하지 못할 사람이 많을 거다. 눈을 잘 맞추고, 자기 자극 행동(stimming)이 없으며, 조리 있게 말하고, 처음 만난 장애인 지원사인 나에게도 거리낌 없이 친근감을 표현하는 아이가 왜 장애란 말인가?

I의 눈 밑에 다크서클이 짙게 드리워 있다. '너도 잠을 잘 못 자는구나.' ADHD 아들을 키우는 나는 I도 수면에 어려움이 있다는 사실을 바로 알아챈다. 신경다양인 아이를 키워 낸 엄마는 아주 사소한 것에서 신경다양인들의 특징을 감지해 내는 능력이 생긴다. 지금은 밤 10시 전에 꼬박꼬박 잠드는 수면 습관이 몸에 밴 내 아들도 초등학교 고학년이 되기 전에는 매일 밤 잠과 전쟁을 치렀다.

집집마다 다르겠지만 대체로 호주의 초등학교 저학년 아이들은 저녁 8시 무렵 잠자리에 들고, 고학년이 되면서 취침 시간이 조금씩 늦어진다. 하지만 우리 집은 달랐다. 밤이 돼 어두워지면 뇌가 하루를 마감하고 휴식을 준비해야 하는데, ADHD 아들의 뇌는 마치 두 번째 하루를 시작하겠다고 알리는 듯했다. 잠자리로 데려가는 것부터 어려웠고, 누워도 쉽게 잠들지 못했다. 애트우드 박사의 말로는 신경전형인이 보통 눕고 나서 15분쯤 있다 잠드는 반면에 자폐나 ADHD 당사자는 40분 넘게 뒤척이는 경우가 흔하다고 하는데, 내 아들이 딱 그랬다. 쉽게 잠들지 않으면 짜증이 폭발했다. ADHD 뇌는 지루한 순간을 가만히 견디기가 힘들기 때문에 아들은 어차피 잠이 안 오는데 왜 일찍 자야 하느냐며 항의했고, 잠자리에 들면 갑자기 할 일을 마구 떠올리기도 했다. 겨우 잠들었다가도 한번 깨면 다시 잠들기까지 오래 걸려, 어릴 때는 꼭 새벽에 한두 번씩 엄마나 아빠를 불러 댔다. 해가 지면 자고 해가 뜨면 일어나는 '시골형 수면 리듬'이 몸에 밴 엄마, 밤이 되면 뇌가 더 활성화되는 '올빼미형' 아들. 결과적으로 우리 모자의 수면 습관이 늘 충돌했다.

취침 시간이 늦어질수록 다음 날 학교생활은 힘들기 마련이다. 아침에 일어나기가 어렵고 (그래서 자주 지각하는 신경다양인 학생이 많다.) 가뜩이나 지루하고 재미없는 학교에 더 가기 싫어지며 수면 부족으로 낮에 집중력이 떨어지는 악순환이 이어지기 쉽다. 유년기와 청소년기의 성장과 발달뿐만 아니라 학창 시절과 성인기에 시간을 잘 지키며 사회생활을 하는 데도 악영향을 미칠 수 있기 때문에, 어려서부터 아이에게 좋은 수면 습관과 일상의 규칙을 가르치는 일은 선택이 아닌 필수라고 여겼다.

다행히 비교적 일찍 아들이 ADHD 진단을 받게 하고 자폐, ADHD 아동에게 수면 문제가 흔하다는 사실을 알게 된 나는 소아청소년과 전문의와 상의해 몇 년 동안 일관되고 고집스럽게 '수면 교육'을 실천했다. 2024년 말, 아들과 한국에 방문했을 때 아들 또래 중 밤 10시에 스스로 잠자리에 들고 아침 7시에 자연스럽게 일어나는 아이는 내 아들뿐이었다. 10년 넘도록 끈질기게 이어 온 '부모표 수면 교육'에 ADHD도 감동해서 울고 간 게 아닐까 싶었고, 그 순간만큼은 아이와 나 자신에 대한 자부심이 벅차오르는 것을 억누르기 힘들었다. 자폐나 ADHD 아이에게는 일찍부터 좋은 습관과 규칙을 일관성 있게 가르쳐야 한다고 전문가들이 강조하는 이유를 내 눈앞의 아들이 존재 자체로 보여 주었다.

"피자 발음이 틀렸어요. ZZZ. Z를 다시 소리 내 봐요."

스폿 잇(Spot it)이라는 게임을 하다가 내 발음을 지적한 I. 이것만 봐도 I의 자폐성 장애 진단은 참으로 정확하다. 많은 자폐인은 실수를 매우 싫어하며 전체보다 세부에 집중하는 편이다. 그래서 실수나 실패에 대한 두려움 때문에 새로운 일을 수행하는 데 불안이 증폭되기도 한다.

비자폐인에게는 잘 보이지 않는 실수가 자폐인의 눈에는 뚜렷이 보이고, 대수롭지 않게 넘어갈 수 있는 오류를 자폐인은 예리하게 짚어 낸다. 이런 특성을 잘 활용하면 강점이 될 수 있는데 실제로 마이크로소프트 같은 기업에서 자폐인을 채용해 이들의 섬세한 감각을 코딩 오류 탐지에 활용하고 있다고 한다. 믿기 어렵겠지만, 내 주변엔 비자폐인과 일하기가 힘들다고 말하는 자폐인이 있는데, 비자폐인들이 실수를 반복하고 일 처리가 허술하기 때문이라고 한다.

자폐를 잘 이해하고 나니 내가 미처 담아 내지 못한 학생들이 떠올랐다. 수업 중에 내 사소한 말실수나 오탈자를 이상하다 싶을 만큼 정확하게 짚고 넘어가야 직성이 풀리는 학생이 있었고, 이 학생은 대체로 '눈치 없는 이상한 애'라고 다른 학생들의 손가락질을 받았다. 그때는 나도 이 독특한 학생을 이해하지 못해서 적절하고 따뜻한 설명을 해 주지 못했다. 그때 유예된 알맞은 대화를 이제야 내 앞의 I와 나눠 본다.

"내가 한국이라는 나라에서 왔는데, 우리말에는 Z 발음이 없어서 너처럼 자연스럽게 하기가 어려워. 알려 줘서 고마워."

실상 자폐인은 다른 사람을 괴롭히고 난처하게 만들려고 실수를 지적하고 구체적인 세부에 집착하는 게 아니다. 그저 보이고 들리고 궁금해서 말할 뿐이다. 그러니 상대도 솔직하게 아는 만큼 대답하면 가장 좋다. I가 나한테 응답했다.

"괜찮아요!"

이제 I와 같이 방을 정리할 시간이다. 이런 순간에는 내가 ADHD 아이를 키운 엄마라는 사실이 무척 유용하다. 침대 위, 바닥, 옷장, 서랍 곳곳에 널린 옷이며 책을 보면 내 아들의 방과 판박이다.

아무리 유능하고 경험 많은 교사나 부모라도 ADHD나 자폐 특성이 있는 아이들을 지원할 때는 일반적인 '요령'이나 '방법'이 잘 통하지 않는다. "방 정리해!" 같은 단순한 지시 한마디로 일이 해결되는 경우는 거의 없다. 신경다양인 아이들 중에 실제로 기능과 지능 면에서 실행할 수 있는 과제인데도 이들이 받은 지시가 이들의 뇌가 작동하는 방식과 맞지 않아서 실행을 어려워하는 경우가 흔하다. 따라서 이들의 인지 방식에 맞게 지시 내용을 잘게 나눠 한 번에 하나씩 전달해야 하고, 지시를 말로 반복하기보다는 시각적으로 안내하는 편이 훨씬 더 효과적이다.

아들이 어려서 글자를 읽지 못하던 시절에 나는 아들이 해야 할 일을 그림에 담아서 방, 부엌, 화장실에 붙여 주었다. 주의력이 낮고 기억을 잘 해내지 못하는 ADHD 아들이 문자를 읽기 시작했을 때부터는 글로 써서 아들의 실행력을 도왔다. 가령 요리를 좋아하는 아들을 위해 부엌의 모든 수납공간에 라벨을 붙였고, 아들 방의 수납장에도 라벨을 붙여서 정리 정돈과 과제 수행을 도왔다. 그 뒤에는 내가 기대하는 완성된 형태를 사진으로 찍어서 아들에게 보여 주며 사진을 보고 그대로 방을 정리하라거나 사진처럼 저녁 식탁을 차리라고 가르쳤다. 이렇게 하나씩 연습하다 보니 아들이 지금은 "네 방 정리해!" 한마디만 해도 곧잘 해낸다.

오랫동안 아들에게 정리정돈을 가르친 방식을 이번에는 현장에서 I에게 적용해 본다. 다행히 가정방문 작업치료사의 도움을 받았는지 I의 방 서랍마다 '양말', '팬티', '교복', '치마', '바지' 등으로 정확하게 분류되어 라벨이 붙어 있었다.

"I, 잠옷은 어디에 넣어야 할까?"

"그럼 교복은 어디로 가야 할까?"

"침대를 어떻게 정리하는지 알아?"

"우리 다른 얘기는 방 정리 끝낸 다음에 하자. 지금은 정리에 집중해 볼까?"

I의 엄마는 내가 지원하는 날이면 마음이 참 편하다고 말한다. 다른 장애인 지원사들에게는 하나하나 설명해야 하고, 설명해도 이해하기까지 오래 걸리며, 마침내 이해할 만해지면 다른 사람으로 바뀌기 일쑤였다는 것이다. 그 마음이 백분 이해된다. 나도 ADHD 아이를 키웠거나 키우고 있는 엄마가 우리 집에 놀러 오면 마음이 놓인다. 우리는 따로 말하지 않아도 통하는 양육의 동지다. 남다른 양육의 기쁨과 고통, 절망과 감동을 함께 겪어 낸 우리는 마음으로 깊이 이어져 있다.

Interview 04

"내 아이가 자폐라는 건 상상도 못 한 일"

— 장애인 지원사 싱글맘 L

아들을 통해 L을 알게 되었다. 요리를 좋아하는 엄마랑 사는 아들은 어릴 때부터 칼과 불에 익숙해졌고, 자연스레 요리에 깊이 빠져들었다. 하지만 이미 한국어를 잃은 아들과 영원히 영어가 유창해지지 않을 것 같은 내가 같이 하는 요리는, 우리 둘 다 그리 즐겁지만은 않았다. 게다가 돈 버는 재미에 빠진 내가 수시로 요리하자고 조르는 아들의 요구에 매번 응하기는 어려웠다. 그래서 찾은 사람이 바로 L이다. 프리랜서 장애인 지원사로 일하는 L과 인맥을 통해 연결되었다.

호주 토박이인 L은 자폐 아들을 키우는 싱글맘이다. 내가 미완의 싱글맘이라면, L은 단호히 마침표를 찍은 싱글맘이라고 할 수 있다. 게다가 나처럼 장애인 지원사이자 가정방문 요양사로 일한다는 공통점 덕분에 우리는 만나기만 하면 수다가 끊이질 않고 자연스레 내밀한 사적인 이야기까지 나누는 사이가 되었다.

"의미 있는 멋진 일을 하시네요."

내가 돌봄 경험에 대해 쓴 글을 모아 책을 펴낼 거라고 하니 L이 진심으로 축하하며 흔쾌히 인터뷰에 응해 주었다. 영어로도 책이 나오냐고 물어서 한국어로만 나온다고 했더니 그럼 번역기를 돌려서라도 꼭 읽겠다고 약속했다.

L과 인터뷰하면서 호주 토박이들이 살아가는 방식에 대해 다양한 이야기를 나눴다. 호주인의 노동시장 진입 시기와 은퇴 시기, 자녀의 양육과 독립, 노후 대비를 위한 퇴직연금 제도, 정부에서 제공하는 노령연금 등에 관한 이야기다.

호주에서는 보통 한국보다 훨씬 이른 나이에 노동시장에 진입한다. 학생 때부터 돈을 벌기 위한 노동이 적극 장려되며 대부분 만 16세가 되면 아르바이트로 용돈을 벌고, 만 18세가 되면 본격적으로 일을 시작한다. 고등학교 졸업 후 대학에 가든 곧바로 직업을 갖든, 호주의 많은 부모는 고등학교 졸업을 '성인 독립'의 기준점으로 여긴다. 특별한 경우가 아닌 한, 부모가 웬만하면 경제적으로 지원하지 않고, 자녀도 부모의 지원을 기대하지 않는 것이 보편적인 문화다. 대학 이상의 고등교육기관 진학률이 상대적으로 낮고, 남성에게 군 복무 의무가 없어서 본격적으로 노동시장에 진입하는 연령이 한국보다 낮아진다.

한편 대부분의 직장에 65세라는 법적 은퇴 연령이 있어도 나이와 상관없이 원하는 만큼 일을 이어 가는 경우가 흔하다. 65세 이전에도 건강 상태나 개인 상황에 따라 노동시간과 노동 유형을 자유롭게 조율한다. 한 직장에서도 정규직 풀타임 노동자가 정규직 파트타임으로, 비정규직으로 고용 형태를 유연하게 전환할 수도 있다.

Q 몇 살에 일을 시작했어요?

A 열일곱 살, 11학년(고등학교 2학년) 때죠. 그때 어머니가 학교를 그만두고 바로 돈을 벌어도 괜찮다고 해서 사무실 일을 시작했어요. 그 뒤 여러 가지 일을 하다 회계 보조 자격증을 취득하고 본격적으로 이 일을 했어요.

Q 일을 일찍 시작했는데 재미있었나요?

A 처음엔 돈을 버니까 정말 좋았어요. 그런데 30년 정도 하다 보니 조금 지루해지더라고요. 주 5일, 아침 9시부터 오

후 5시까지 사무실에서 일하다 보니 제 삶이 없어진 것 같은 기분이 들었어요. 해가 떠 있는 시간 동안 사무실에만 있으니까, 일이 제 삶을 다 가져간다는 생각이 들었거든요. 그러다 코로나 유행이 시작되면서 회계 보조 일을 그만두고 장애인 지원사 자격증 공부를 시작했어요. 이제 장애인 지원사 일을 한 지 4년 정도 됐네요.

Q 왜 장애인 지원사 공부를 하게 됐나요?
Ⓐ 그 무렵에 아들이 자폐라는 걸 알게 됐어요. 아들이 열세 살, 제가 쉰 살 되던 해죠. 그때 아들은 8학년(중학교 2학년)이었어요. 아들을 좀 더 잘 이해하고 도와주고 싶다는 마음이 커서 이 분야를 공부하기 시작했어요. 오랫동안 장애인 지원사로 일한 친구가 이 일을 하면 자폐에 대해 더 잘 알 수 있고, 필요한 정보도 많이 얻게 될 거라고 조언해 줬어요. 그 말에 설득돼 공부를 시작했는데, 지금 생각해도 정말 고마운 선택이에요.

제 삶에도 변화가 필요한 때였고, 나이가 있다 보니 정규직 풀타임보다 비정규직으로 유연하게 일하는 편이 훨씬 잘 맞았어요. 주 5일 내내 일하지 않고 제가 원할 때 원하는 만큼만 일할 수 있어서 이 일이 제게 딱 맞는다고 느껴요.

Q 장애인 지원사의 임금은 만족스러운가요?

A 회계 보조로 일할 때는 정규직 시급이 28달러 정도였어요. 장애인 지원사로 일하면서 시급이 확실히 높아졌죠. 저는 에이전시를 통하지 않고 프리랜서 장애인 지원사로 일하고, 시급은 고객과 계약으로 정합니다. 보통 주중에는 시간당 60달러, 토요일에는 80달러, 일요일에는 100달러 정도 받아요. 물론 주말에는 고객이 많지 않은데 가끔 한 번씩 일해도 충분히 만족스러워요. 시급이 높아서 예전처럼 많이 일하지 않아도 되고, 굳이 9시부터 5시까지 풀타임으로 일하지 않고 짧게 일해도 수입이 높으니까 정말 좋아요.

제가 이제 쉰다섯 살인데, 예전처럼 종일 일하는 건 체력적으로 쉽지 않더라고요. 오랫동안 일했으니까 이제 조금은 즐기면서 살고 싶다는 생각이 들어요.

Q 프리랜서 장애인 지원사 시급은 어떻게 결정되나요?

A 해마다 7월 1일에 NDIS가 물가 상승과 임금 인상 등을 반영한 시급 가이드라인(NDIS Pricing Arrangements and Price Limits)을 발표해요. 인터넷 검색으로 쉽게 볼 수 있는 이 자료에 장애인 지원사, 각종 치료사, 지원 코디네이터 등 NDIS 관련 직종별 시급 상한선이 나옵니다. 프리랜서 장애인 지원사

는 고객과 협의해 이 상한선 안에서 적절한 시급을 정하고 계약서를 쓴 뒤에 일해요.

에이전시를 통하지 않으니까 중간 수수료가 없고 상대적으로 더 높은 시급을 받는다는 장점이 있어요. 다만 에이전시를 통해 일하면 임금의 최소 11.5퍼센트에 해당하는 퇴직연금을 납입해 주는데, 프리랜서 장애인 지원사로 일하면 이게 지원되지 않아요. 그래서 시급을 정할 때 퇴직연금 납입이 포함되지 않는다는 것까지 고려해야 해요.

Q 아들이 중학교 2학년 때 자폐라는 사실을 알았다죠? 지능이 정상 범위에 있거나 평균보다 높은 자폐인은 진단이 늦어지거나 평생 모르고 살아가는 경우도 있잖아요. 어떻게 진단을 받았나요?

A 지금은 아들이 자폐라는 사실이 너무 잘 보여요. 그런데 진단받기 전에는 그냥 소심하고 조용하고 예민한 내성적인 아이로만 여겼어요. 그래서 또래 관계가 어렵고 학교생활이 힘들어서 등교를 거부하는 줄 알았어요. 어릴 때 제 성격도 아들처럼 조용하고 내성적이었기 때문에 아들이 저를 닮았다고만 생각했어요. 그런데 커 가면서 많이 바뀐 저하고 다르게 아들은 변화를 너무 어려워하고 루틴을 고집했어요.

아이가 중학생이 되면서 모자 관계가 너무 어려워졌어요. 정상적인 대화가 불가능했달까요? 대화를 시작하면 불같이 화를 내니까 아들이라도 두려운 거예요. 그러던 중에 교사인 언니가 아들이 자폐 같으니 진단을 받아 보라고 권해 줬어요. 형부가 시각장애인이고 이미 NDIS 혜택을 받고 있어서 NDIS의 지원과 서비스를 잘 아는 덕을 봤죠.

제 아이를 자폐라고 부르는 건 상상도 할 수 없었어요. 자폐라고 하면 말도 못 하고 지능도 낮고 자기 자극 행동이나 반향어가 일상인, 누가 봐도 딱 장애인 같은 사람만 가리킨다고 생각하고 살았거든요. 세상에 우리 아이처럼 숨겨진 자폐인이 얼마나 많겠어요? 저도 언니가 없었다면 전혀 모르고 살았겠죠. 자폐가 많이 연구되고 이해가 깊어지면서 자폐인이 얼마나 폭넓은 스펙트럼에 놓여 있는지를 알게 된 덕을 봤어요.

Q 보통 사춘기 때 장애 진단을 받으면 당사자가 받아들이기 어려워한다던데, 아이가 어떻게 받아들였나요?

A 자기가 또래와 다르다는 사실을 받아들이는 게 쉽지 않았어요. 진단받았을 때 저는 이미 남편과 이혼해 따로 살았고, 아이는 1주일씩 남편 집과 제 집을 오가면서 살고 있었어

요. 그런데 이렇게 두 집을 오가는 게 아이에게 너무 힘든 일이었죠. 아들이 컴퓨터에 빠져 있었는데, 컴퓨터 관련 장비며 물건을 죄다 이 집에서 저 집으로 옮겨야 한다는 거예요. 결국 작은 트레일러를 빌려서 차에 연결하고 짐을 매주 실어 날랐죠.

진단받고 나서는 엄마 때문에 진단받았다면서 저를 원망하고 제 집으로는 안 오고 아빠 집에서만 지내겠다고 하더라고요. 지금 생각해 보면, 자폐인은 감각이 아주 예민하고 변화에 약한데 엄마 집과 아빠 집의 환경이 많이 달랐으니 아들이 겪은 혼란과 어려움이 컸을 것 같아요.

고등학교는 겨우겨우 졸업했지만, 그 뒤로는 집 밖에 나가려고 하지 않고 저하고는 연락도 거의 안 해요. 그런 모습을 볼 때마다 정말 마음이 아프고 속상하죠.

Q 왜 아들이 자신이 자폐라는 사실을 받아들이기 어려워한다고 생각하나요?

A 자폐가 사회적 낙인과 편견이 심한 장애라서 그렇겠죠. 자신이 남들과 다르다는 사실을 인정하는 게 두렵고, 자폐성 장애인이라는 사실을 받아들이는 게 무척 힘들었던 것 같아요.

제가 NDIS에 등록된 자폐 청소년 고객을 만나 보면, 다양한 지원과 서비스를 받으면서 부모와 건강한 관계를 유지하고 행복하게 사는 가정이 있거든요. 그런 모습을 보면 정말 부러워요. 제 아이도 언젠가는 그렇게 살기를 간절히 바라죠. 하지만 지금은…… 아직은 그게 너무 멀게만 느껴질 때가 많아요.

Q 주당 몇 시간 정도 일하나요? 싱글맘으로 먹고살 수 있나요?

A 프리랜서 장애인 지원사로 일하면 수입은 좋은데 고객을 찾는 게 쉽지 않아요. 보통 고객들이 에이전시를 통해 장애인 지원사를 고용하거든요. 그래서 저는 에이전시를 통해 정규직 파트타임 가정방문 요양사로 주당 스무 시간 정도 일하고, 프리랜서 장애인 지원사로는 주당 대여섯 시간 일하고 있어요.

제가 대출을 받아서 살고 있는 집 때문에 매달 1600달러 정도를 상환해야 해요. 그걸 내고 나면 생계비가 조금 빠듯한데, 이제 나이가 있고 전처럼 일을 많이 하기가 쉽지 않으니까 지출을 줄이고 잘 조절하면서 조심스럽게 살고 있어요.

Q 노후 준비는 어떻게 하나요?

A 싱글맘은 경제적으로 어려워지기 쉬운 만큼 일찍부터 은퇴를 대비했어요. 제 계획은 예순 살에 은퇴하고 퇴직연금을 일시금으로 받아서 대출금을 다 갚는 거예요. 그럼 지금 주당 25시간인 노동 시간을 줄이고 예순일곱 살까지 가볍게 일하면서 살려고요. 건강이 좋은 편이 아니라서 지금처럼 계속 일하기는 힘들 것 같거든요.

대출금을 갚고 여윳돈이 생기면 일을 더 줄이고 저만의 시간을 보내고 싶어요. 지금 집에 방이 셋인데 경제적 부담이 커지면 방 두 개짜리 작은 집으로 이사할 생각도 있어요. 집을 줄이면 관리하기 쉬워지고 목돈이 생기니까, 그 돈으로 여행을 떠날 수도 있을 것 같아요. 다만 건강이 허락하지 않을까 봐 걱정돼요. 열일곱 살부터 예순 살까지면 오랫동안 일한 거니까 조금은 여유를 가져도 된다고 생각해요.

예순일곱 살에는 정부의 노령연금을 받을 수 있어요. 정부가 물가 등의 변동에 따라 반년마다 노령연금 지급액을 조정하는데, 현재 독신 노인이 받을 수 있는 최대 금액은 2주에 1149달러*예요. 수령액은 자산과 소득에 따라 달라져요. 실제로 거주하는 자가 주택은 자산 평가에서 빠지기 때문에 집이 있다는 이유로 받는 불이익은 없대요. 일을 그만두고 소득이 없으면 노령연금을 최대치로 받을 수 있을 것 같아요. 빚 없는 집에 기본적인 생활비를 보장하는 노령연금, 공립병원이 있으니까 크게 걱정하진 않아요. 오랫동안 싱글맘으로 살면서 절약한 습관도 큰 도움이 되겠죠. 시간이 지나면서 노령연금 지급액도 조금씩 인상되지 않을까요?

Q 호주의 퇴직연금에 대해 설명해 주세요.

A 지금 같은 퇴직연금 제도는 1992년에 도입됐어요. 이제 30년이 넘었네요. 그 전에는 일부 큰 기업에서만 시행하던 제도를 전 산업에 의무화했죠. 현재 고용주는 직원이 지정한 계좌에 적어도 임금의 11.5퍼센트를 의무적으로 납입해야 해요. 이 비율은 제도 도입 초기부터 지금까지 계속 높아졌어요.

이 제도가 시행되기 전에 노동을 시작한 세대나 중년에 호주로 이민 온 사람들은 기여금 납입 기간이 짧아서 노년기에 경제적으로 불안정할 가능성이 높아요. 퇴직연금 제도가 없던 시절엔 스스로 노후 자금을 준비해야 했기 때문에 제도의 혜택을 충분히 누리지 못하는 세대가 있는 거죠.

Q 지금 아들하고 연락을 거의 안 하는 상태고 나중에 요

양원에 갈 수도 있을 텐데요, 이런 점에 대해 생각해 봤나요?

Ⓐ 당연히 노후에 대해 많이 생각하고 저 나름대로 준비하고 있어요. 호주는 유언장을 쓰는 문화가 정착되어 있어서 저도 몇 년 전에 유언을 썼어요. 얼마 전에는 변호사를 만나 수정하기도 했고요.

만약 제가 요양원에 들어간다면, 집을 팔아서 민간 요양원으로 갈 생각이에요. 공공 요양원은 시설이 너무 열악해요. 평생 모은 돈으로 조금이라도 나은 환경에서 지내다 마지막을 맞고 싶거든요.

요양원에서 죽으면 돌려받는 보증금을 아들에게 상속하겠다는 내용을 이번 유언장에 새로 넣었어요. 아들이 특정 나이가 될 때 받을 수 있도록 했고, 만약 그 나이가 되기 전에 제가 세상을 떠나면 신탁했다가 나중에 물려줄 수 있게 했어요. 싱글맘이다 보니, 이런 부분을 법적으로 명확하게 정해 둬야 나중에 아들이 복잡한 절차 없이 안정적으로 상속받을 수 있을 것 같아요.

호주 토박이인 L은 인터뷰가 끝난 후에도 한참 동안 노년을 위한 조언을 아끼지 않았다. 과부 심정은 과부가 가장 잘 안다던가? 싱글맘이자 건강에 확신이 없는 우리 둘은 서로의 처지를 누구보다 잘 이해하고 있었다. L과 한 인터뷰는 싱글맘으로 살겠다고 마음먹은 뒤 미래에 대한 경제적 고민을 품고 아들에게 짐이 되지 않는 말년을 꿈꾸던 나에게 노후 설계의 실마리를 안겨 주었다.

    더 자유롭고 더 신나게 살고 싶어서 선택한 '돌싱'의 길. 그래서 L과 나는 더 다부지고 더 유쾌하게 살아 낼 의무가 있다.

- 4부 -

NDIS, 장애를 부탁해

NDIS, 장애를 부탁해

내 고객 중 절반은 고령자고, 나머지 절반은 NDIS 등록 장애인이다. 2022년 호주 통계청 자료에 따르면 호주 인구의 21.4퍼센트, 즉 약 다섯 명당 한 명이 장애인*이다. 이는 호주에 유독 장애인이 많아서가 아니라, 선진국일수록 장애인 수가 증가하는 경향 때문이라고 할 수 있다. 장애에 대한 이해도가 높고 서비스와 자원이 풍부한 나라일수록, 복지국가일수록 장애인 수가 상대적으로 많아진다.

"처음에 호주로 이민 오고 깜짝 놀랐잖아. 한국에 비해 장애인이 너무 많은 거야. 어디를 가든 장애인들이 있는데, 그때 한국에서는 상상도 할 수 없는 풍경이었지."

30여 년 전 이민 오셨다는 이민 선배의 말이다. 그분 말처럼, 호주에서는 오래전부터 장애인들이 지역공동체의 일원으로 살았다. 내가 갈 수 있는 곳이라면 장애인 대부분도 당연히 갈 수 있다. 문밖에 나서면 전 세계의 다양한 피부색·언어·문화를 접하는 것이 일상이기 때문인지, 장애인과 어우러져 생활하는 모습이 전혀 낯설지 않다.

한국에서는 탈시설화 논의가 현재진행형이지만, 호주에서는 과거형이다. 한국에서 발달장애 자녀를 둔 부모들이 거리에서 삭발하고 오체투지를 하며 발달장애인 국가 책임제를 요구하는데, 호주는 이미 시행하고 있다. 그리고 이렇게 장애인과 함께하는 호주 사회의 중심에 NDIS가 있다. NDIS는 2013년부터 시범적으로 운영되고 점차 확대돼 지금은 호주 전역에서 시행되고 있다. 한국 사람들에게 의료비 부담을 줄이고 의료 접근성을 강화한 건강보험이 있다면 호주인들은 NDIS 덕분에 장애에 대한 불안을 줄이고 살 수 있다. NDIS는 연방 국가인 호주에서 각 주에 난립하던 장애 관련 제도를 국가 차원에서 일원화하고 주별 격차를 해소해 장애 당사자에게 일관되고 지속적인 지원과 서비스를 제공하려고 만든 제도다. 한마디로, 이 제도에 담긴 철학은 전 세계 장애인의 숙원과 통한다.

"장애 당사자와 가족의 선택권과 통제권을 극대화한다."

NDIS를 시행하기 전에는 장애인에게 서비스를 제공하는 기관에 지급하던 예산을 NDIS 시행 후에는 장애 당사자에게 직접 지급해, 당사자가 스스로 예산을 관리하고 예산 사용의 선택권과 통제권을 갖게 했다. 장애 당사자와 가족이 저마다 취향과 장애 상황에 맞게 어떤 서비스를 언제 어떤 식으로 누구에게서 받을지 결정할 수 있게 된 것이다. 서비스 제공자 중심이던 기존 체계에서 서비스 이용자인 당사자 쪽으로 무게중심이 이동했다는 뜻이다.

장애 당사자가 받는 연간 예산은 크게 역량 강화 예산(Capacity Building Budget), 핵심 지원 예산(Core Supports Budget), 자산 지원 예산(Capital Supports Budget) 등 세 가지로 나뉜다. 예컨대 치료가 필요한 발달장애인에게는 역량 강화 예산이, 장애인 지원사가 필요한 장애 당사자에게는 핵심 지원 예산이, 주택 보수가 필요한 신체장애인에게는 자산 지원 예산이 책정된다. 자산 지원 예산을 제외한 두 예산은 다양한 서비스와 지원 항목을 포함해, 당사자의 필요와 기호에 따라 유연하게 쓸 수 있다. 예컨대 발달장애인이 핵심 지원 예산으로 연간 일정 금액을 배정받은 경우 그 범주에 있는 장애인 지원사, 청소 도우미, 정원사, 장애 특성에 맞는 소모품 구매

등에 자유롭게 예산을 쓴다. 선택의 폭과 자율성도 확장되는 구조다.

결국 NDIS는 장애인을 지원과 서비스를 받는 수동적 존재로 보던 시혜적 시각에서 벗어나 제도와 서비스 이용의 주체로 자리매김하게 했다. 당사자 중심 서비스가 원칙이다 보니 장애의 유형과 정도는 물론이고 장애 당사자의 취향·가족 구성·주거 형태에 따라 서비스가 다양해졌고, 그만큼 장애 관련 업체와 인력도 크게 늘었다.

물론 한국의 건강보험 제도가 모두에게 만족스러운 완성형이 아니듯, NDIS도 늘 이상적으로 작동하지는 않는다. 그래도 장애인의 오랜 염원을 실현한 제도라는 점은 분명하다.

한국과 호주는 토대 자체가 전혀 다른 나라다. 호주는 세계에서 여섯 번째로 큰 국가이지만 인구는 한국의 절반 수준에 불과하며, 풍부한 자연환경을 지니고 있다. 사회적·정치적·문화적·지리적·역사적으로도 한국과는 큰 차이가 있으므로 호주의 NDIS를 그대로 한국에 도입하기는 어려울 것이다.

그래도 NDIS가 장애 당사자 중심의 맞춤 지원, 당사자와 가족에게 주어지는 다양한 지원과 서비스 선택권의 확대, 그리고 삶에 대한 자치권과 통제권 보장을 목표로 설계되었다는 점은 시사하는 바가 크다.

한국 출신으로서 NDIS를 직접 경험한 나는 종종 이런 말을 곱씹게 된다.

"장애는 국가나 사람을 차별하지 않지만, 장애 복지는 국가에 따라 당사자와 가족을 차별한다."

막무가내라도 괜찮아

나는 '장애'라는 말을 자주 쓴다. 장애라는 말을 혐오하거나 비하하는 것만큼이나 미화하거나 신비화하는 것도 경계한다. 장애는 본래 가치중립적인 개념이자 인간 발달의 한 변이이며 평균에 속하지 않는 사람을 일컫는다고 여기며 살아간다.

노인 돌봄과 장애 복지 분야에서 일하다 보면, 자연스레 장애가 특별한 것이 아니라 일상의 일부라는 자각이 온다. 그리고 특별한 행운이 내게 오지 않는 한 나도 내가 만나는 어르신들처럼 또는 내 부모처럼 장애 상태로 삶을 마감할 가능성이 높다는 사실도 깨닫게 되었다. 내 고객 P도 태어날 때는 비장애인이었지만 생후 8개월 만에 장애가 생겼다.

"안 돼! 손대지 마. 싫어!"

언제나 따뜻하고 순한 P의 입에서 갑자기 터져 나온 말이다. 관절 이상 때문에 마음대로 움직이지 않는 손으로 힘겹게 싫다는 뜻을 표현한다. 평소 표정 변화가 적은 발달장애인이지만, 이 순간만큼은 다르다. 아마 성교육을 꽤 성실히 받은 듯하다.

이 장면은 성교육 시간에 종종 다루는 사례다. 예전에 특수실무사 자격증 교육과정의 일환으로 집 근처 특수학교에서 한 달간 실습할 때 교사들이 영상을 보여 주며 열심히 설명한 기억이 난다. 장애 아동 몇몇은 교사의 시범에 따라 "안 돼! 손대지 마!" 하고 소리쳐 보기도 했다. 말로 표현하기 어려운 학생들을 위해 동작을 함께 알려 줬는데, 상대의 눈앞에 손바닥을 펼쳐 보이며 '싫다'는 뜻을 나타내는 방법도 있었다. P도 어릴 때부터 지속적으로 교육받았을 것이다. 훌륭한 교육이고 꼭 필요한 배움이다. 문제는, 이들이 상황과 대상을 정확히 구별하지 못하는 경우가 많다는 점이다.

장애인 지원사인 내가 P의 꼬인 가방끈을 풀어 줄 때도, 배변 후 바지를 추슬러 줄 때도, 치킨 조각이 묻은 얼굴을 닦아 줄 때도 가끔 "안 돼!"라는 말로 거부당한다. 하지만 P가

장애인이라는 사실을 기억하며 이런 말은 담아 두지 않는다. 오히려 머릿속에서 "안 돼!"를 "고마워"로 바꿔 듣기도 한다. 장애인 지원사로 일하면서 나 자신도 지키기 위해 독특한 기술을 하나둘 익혀 가는 중이다.

42세, 길고 밝은 금발, 늘 깔끔하고 세련된 옷과 액세서리를 착용하는 P. 세련된 엄마가 사 준 옷을 지원 그룹홈에서 일하는 장애인 지원사가 아침마다 골라 입혀 준 덕이다. P에게는 11쪽 분량의 지원 지침이 있다. 중증 지적장애인인 P는 심한 불안장애, 언어장애, 섭식장애 당사자이기도 하기 때문이다.

P는 읽고 쓸 줄 모른다. 21세기 선진국에서 글을 읽고 쓸 줄 모르는 사람이 있다는 사실이 내겐 충격이었다. 평생 비장애인으로 산 나는 내 몸과 마음에 새겨진 '비장애 중심 질서'와 '비장애인의 체계'를 아예 전복해야 한다는 걸 깨달았다. 그래야 비로소 내 고객인 장애 당사자를 있는 그대로 대하고 이해할 수 있다.

"언제 차 마실 거야?"

"언제 점심 먹을 거야?"

"오늘 사탕 살 거야?"

"오늘 케이크 먹어도 돼?"

사실 P의 머릿속은 하루 종일 음식으로 가득하다. 매주 월요일 오전 9시, 만나는 순간부터 지원 그룹홈에 데려다주는 오후 3시까지 P의 대화는 대부분 음식에 관한 것뿐이다. 아침에 차를 마시자마자 점심을 언제 먹냐고 묻기 시작한다. 두 시간 뒤라고 말해 줘도 시간개념이 없으니 소용없다. 결국 두 시간 내내 같은 질문과 같은 대답을 반복한다. 하루에 고작 여섯 시간, 1주일에 한 번 듣는 것도 이 만큼 괴롭다면, P를 지원 그룹홈에 보내기 전까지 부모가 겪었을 삶은 감히 상상도 되지 않는다.

P는 음식을 보면 참지 못한다. 금발에 말끔한 옷차림의 예쁘장한 성인 여성이 길거리에 떨어진 음식도 마다하지 않는다. '장애'나 '장애인'이라는 단어 없이는 설명하기 어렵다. P와 단둘이 시간을 보내다 보면, 인간이 결국 동물이라는 진실이 새삼 가슴 깊이 새겨진다. 음식 앞에 장사 없다는 말이 절대 진리처럼 느껴진다. P와 함께 있는 날은 나도 군더더기 없이 단순하게 산다.

"안녕? 이름이 뭐야?"

P는 인사성이 유난히 밝다. 장소, 시간, 상대를 가리지 않는다. 세상 모든 사람과 친구가 되겠다는 듯 누구에게나 인

사를 건넨다. 사랑에 빠진 연인에게도, 거리의 노숙인에게도, 이어폰을 끼고 스마트폰에 몰두한 중고생에게도 다가간다.

P를 보면 지적장애 여성이 얼마나 쉽게 성적 대상이 될 수 있는지 실감하게 된다. 몇 번은 경계를 가르쳐 보려고 했지만 결국 포기했다. 수많은 교사와 치료사, 부모가 같은 노력을 안 해 봤을 리 없다. 어릴 때부터 이어졌을 그들의 전투 같은 교육이 통하지 않았다면, 내가 무의미한 시도를 반복하기보다는 다른 방식으로 접근하는 편이 낫다고 생각했다. P는 지금까지도 내 이름을 정확히 부르지 못하고 기억하지도 못한다. 자기 생일이나 나이조차 기억하지 못하는 P에게 상황별로 친밀도를 조절해 가며 다른 사람과 인사하는 법을 가르치기란 결코 쉬운 일이 아니다.

사실 P가 사람들에게 먼저 인사하고 경계 없이 다가가는 건 잘못이 아니다. 우리는 일반적으로 인사성이 밝은 사람을 좋아하고, 아이들에게도 그러라고 가르친다. 평균 지능이 있는 비장애인과 지능이 아주 낮은 지적장애인에게 동일한 (하지만 불가능한) '처신'을 기대하기보다는 비장애인이 장애인을 무시하지 않고, 성적 대상으로 삼지 않으며, 다름을 있는 그대로 존중하며 사는 방법을 익히는 편이 더 현실적이지 않을까 싶다.

비장애와 비장애인이 특별히 좋지도 나쁘지도 않은 말인 것처럼 장애와 장애인이라는 말도 그 자체로 선악이나 우열을 품고 있지는 않다. 장애인 중에도 좋은 사람이 있고, 비장애인 중에도 나쁜 사람이 있다. 장애인 중에도 똑똑한 사람이 있고, 비장애인 중에도 현명하지 못한 사람이 있다. 비장애인이라는 단어가 장애인과 비교할 때만 의미 있듯, 장애인이라는 말도 결국은 비장애인이라는 기준과 대비하는 속에서 쓰일 뿐이다. 나는 이 둘의 경계를 끊임없이 넘나들며 그 사이에 다리를 놓는다. 장애인이 자신의 감정과 생각을 표현하고 권리를 주장해야 할 때 그 곁에 함께 서서 힘을 보탠다.

금요일쯤 되면 문득 월요일이 기다려진다. P가 보고 싶어진다. P의 순수함과 지극히 본능에 충실한 삶의 태도가 마치 1주일치 영양분처럼 내 삶에 스며든다. 그리고 나한테 조용히 속삭이는 것만 같다.

"그렇게 안달하며 복잡하게 살다 한평생 다 간다."

내 생애 첫 장애 캠프

승합차 세 대와 세단 한 대가 같이 출발했다. 대규모 그룹이다. 이번 캠프에 참가한 장애인이 모두 열일곱 명이다. 나를 포함한 장애인 지원사 일곱 명, 중고생과 대학생으로 구성된 자원봉사자 열 명이 이들과 함께해 총 서른네 명이 이동했다.

두 번째 참가하는 장애인 캠프다. 설렘보다 먼저 밀려오는 건 약간의 걱정과 부담이다. 처음 참가한 캠프에서는 장애 당사자 일곱 명, 장애인 지원사 세 명, 중고생 자원봉사자 네 명 등 열네 명이 2박 3일을 함께했다. 이번에는 그때보다 두 배가 넘는 규모다.

"오늘 자폐인을 한 명 만났다면, 세상의 자폐인 중 단 한 명을 만난 것이다."

자폐에 관해 흔히 인용되는 이 말이 자폐에만 해당하지는 않는다는 걸 장애인 지원을 통해 점점 더 깊이 깨닫고 있다. 내가 맡은 12세 다운증후군 소년은 아주 기본적인 의사소통만 가능한데, 30대 다운증후군 여성 고객은 지원 시간 내내 쉴 새 없이 말을 쏟아 낸다. 진단명이 같아도 이렇게 극단적으로 다른데, 다양한 장애 유형과 연령대가 뒤섞인 당사자 열일곱 명과 2박 3일을 함께 보내야 한다.

내가 일하는 장애 전문 에이전시에서는 개개인의 요구·취향·기호가 아주 뚜렷한, 즉 '개성이 강한' 장애의 특성을 고려해 캠프에 아낌없이 인력을 투입한다. (40년 역사를 자랑하는 만큼) 오랜 세월 동안 깨달았을 것이다. 충분한 인력이 뒷받침하지 않으면 좋은 장애인 지원이 불가능하다는 사실을. 그래서 캠프에서는 장애 당사자 한 명당 장애인 지원사든 자원봉사자든 지원 인력 한 명을 배치한다.

자원봉사를 '열정 페이'라고 치부할 수도 있겠지만, 이곳에서 자원봉사를 하다 일이 좋아진 중고생이 고등학교 졸업과 동시에 직원이 되기도 한다. 나처럼 장애인 지원사로 일하는 엄마의 꼬임에 빠져 방학마다 자원봉사를 하다가 고등학교를 졸업하고 장애인 지원사로 취직한 젊은이도 가끔 본다.

성인도 청소년과 마찬가지여서 봉사 활동을 하다 적성에 맞는다고 느끼면 이력서를 내고 실제로 취직하기도 한다.

장애 캠프 참가를 처음 요청받았을 때 참 망설여졌다. 교사 시절, 수학여행과 각종 체험 활동이 너무 싫었다. 대형 버스에 실려 내가 원하지도 않은 장소 여기저기를 짐짝처럼 옮겨 다니다 멀미가 겹쳐 몸이 축축 늘어졌다. 그런데도 30명이 넘는 학생을 인솔해야 했다. 이동할 때마다 인원을 점검하고, 학생들이 술이나 담배 같은 금지 물품을 숨겨 오지 않았는지 소지품 검사도 해야 했다. 밤에는 교사들이 차례대로 불침번을 서야 했으니 극한 노동의 경험이 뇌리에 강하게 박혀 있다. 더군다나 대형 숙소의 음식은 하나같이 맛이 없고, 모든 순간이 달갑지 않은 '단속'과 '관리'로 채워졌다.

교사를 그만둘 때 나는 확신했다. 앞으로 내 인생에서 가족이 아닌 타인을 책임지고 떠나는 일은 영원히 없을 거라고. 그런데 캠프라니, 그것도 장애인들과 함께? 찰나의 망설임, 흔들리는 내 동공을 장애 캠프를 제안한 고객의 엄마가 예리하게 포착했다.

"너무 겁먹지 않으셔도 돼요. 일대일 지원이라 우리 애만 돌봐 주시면 되니까 크게 어렵지 않을 거예요."

이 말을 듣고 마음이 조금 누그러졌다. 일대일 지원이라면 가능할지도 모른다는 생각이 들었다. 몇 번 만난 적 있는 다운증후군 학생 고객이 성격은 뚜렷해도 에너지 수준이 낮아 활동량이 많지 않았다. 2박 3일 동안 24시간 전담 돌봄 상황에서, 쉰을 코앞에 두고 체력에 자신 없는 나 같은 장애인 지원사는 에너지 넘치는 고객을 맡기가 쉽지 않다. 실제로 장애인 지원사와 고객의 '궁합'이 지원 업무에서 아주 중요한 요소고, 그중 핵심이 바로 '체력'이다. 다행히 이 고객은 에너지 수준이 나와 아주 잘 맞았고, 이것이 큰 결심을 하게 만든 이유였다.

내 생애 첫 장애 캠프는 시작부터 시선을 강탈했다. 약속 시간에 맞춰 하나둘 집합 장소에 도착하는 장애 어린이와 청소년 들은 그 자체로 알록달록 다채로웠다. 초등학생부터 고등학생까지 나이, 성별, 진단명도 제각각이었다. '장애의 세상은 이렇게 넓고, 내가 배워야 할 일은 정말 무궁무진하구나.' 배우기 좋아하는 나는 심장이 뛰기 시작했다.

그러던 찰나, '이런 최중증 복합 장애 청소년도 2박 3일 캠프에 참가할 수 있다고?' 커진 눈이 쉽게 닫히지 않았다. 휠체어를 타고 등장한 O는 한눈에 '중증 장애인'임을 알 수 있는 존재였다. 휠체어의 발판에 놓인 다리에는 발목보조기, 양팔에는 손목 고정용 보조기가 채워져 있었다. 몸을 가누지 못해서 옷 속에 몸을 지탱해 주는 보조 의복을 착용했고, 고개는 옆으로 기울어진 채 앞으로 떨어진 상태였다. 휠체어에는 PEG 튜브 급식 장비가 고정되어 있었다.

신체장애와 발달장애가 함께 있는 중학교 1학년 여학생 O는 의료적 처치가 필수적인 중증 장애인이고, O 곁에는 20대 초반에 거칠 것 없어 보이는 장애인 지원사 해나가 밀착 지원자로 함께하고 있었다. O가 앉아 있는 휠체어에는 크고 작은 가방이 주렁주렁 달려 있었다. 2박 3일 동안 복용할 약을 담은 냉온 가방, 간식 가방, 기저귀 가방, 전신을 못 쓰는 사람을 들어 옮길 때 꼭 필요한 기중기용 슬링 벨트까지 모든 것이 철저하게 준비되었다. 눈으로 보고도 믿기지 않는다는 말은 아마 이런 순간에 쓰라고 있을 것이다.

O가 캠핑에 참가한다는 말은 우리가 머물 숙소에 이미 기중기가 설치되었으며 휠체어 사용자의 다양한 욕구에 맞춰 시설이 완비되어 있다는 뜻이다. 또 이번 캠프의 동선이 기중기가 설치된 공공시설을 중심으로 짜여 있다는 뜻이기도 하다.

"한국에서 그 정도 중증이면 캠프는 고사하고 바깥 구경도 어려웠겠죠."

멜버른에 한 달간 머무르다 돌아간, 언젠가 여기에서 살고 싶다고 말한 한국 친구가 내 일에 관한 이야기를 들을 때마다 하던 말이다. 아마 그 친구도 자기 나라의 현실을 그렇게 야박하게 평하고 싶지는 않았을 것이다. 하지만 한국과 호주의 장애인 지원 체계에는 분명히 그만큼 큰 차이가 있다.

2박 3일 내내 고난도의 복합적 지원이 필요한 장애 당사자를 돌본 해나는 간호학을 전공한다. 20대 초반이지만 이미 숙련된 장애인 지원사로서 경험을 쌓고 돈도 번다. 멜버른에서 중증 장애인이 시설 대신 가정이나 지원 그룹홈에서 살고 이 분야가 지금처럼 활성화되기까지 가정방문 간호사들이 중요한 구실을 했을 것이다.

2년 넘게 O를 지원하고 있다는 해나는 약물 복용 지원이나 PEG 튜브 사용은 물론이고 각종 기기를 다루는 데 능숙하고 거침이 없다. 삼킴 기능이 약한 고객을 위한 맞춤형 식사와 간식 제공, 휠체어 탑승과 하차, 기중기를 활용한 배변 처리까지 무엇 하나 막힘이 없다. 야무지고 당차다. 그리고 무엇보다 멋지다. 아직 내가 감히 도전해 보지 못한 지원을 척척 해내는 해나를 보면서 내 마음속에서 각오가 피어난다. '나도 언젠가는 꼭 이런 고객을 지원해 보고 싶다.'

다운증후군 고객과 함께 떠난 두 번째 가을 방학 장애 캠프. 어김없이 휠체어 이용 고객이 있었다. 이번에는 두 명인데, 두 번째 경험이라 그런지 덜 당황스러웠다. 밝은 금발에 늘씬한 체형으로 훤한 인상에 호감 가는 외모인 고등학생 U가 클래식 기타를 어깨에 메고 있다. 다른 한 명은 삭발한 청년 V인데, 청력을 아예 잃어서 머릿속에 인공와우를 이식했다고 한다. 말을 못 하는 발달장애인 V는 발목보조기를 차고 있으며 연신 침을 흘린다. V를 지원하는 장애인 지원사 메이슨이 티슈로 그의 입가를 닦아 낸다.

"어어어!"

평소 듣지 못하던 소리, V가 자지러지게 웃는다. 온몸을 들썩이고 손을 팔락이며 웃는 모습에 나까지 웃음이 번진다. 말 못 하는 V와 말 잘하는 메이슨이 의사소통을 하며 웃고 있는데, 두 사람을 이어 주는 언어는 흔한 영어가 아니라 오슬란(Auslan), 호주 수어다. 멜버른에 살면서 내 한국어가 아무 짝에도 쓸모없어지는 순간이 많은 것처럼 우리가 일상에서 능숙하게 쓰는 '말'이라는 도구가 이곳에선 어느 순간 부용지물이 된다.

이번에 머문 사설 캠프장에는 자이언트 스윙(Giant Swing)이나 자이언트 플라잉 폭스(Giant Flying Fox) 등 다양한 신체 활동 프로그램이 준비되어 있었다. 이 대형 기구들을 타는 날, 사설 기관에서 일하는 스태프 네 명이 휠체어 사용자를 위한 특수 장비를 들고 등장했다. 멜버른의 놀이터* 몇 곳에서 휠체어 전용 그네는 본 적 있지만, 하늘을 나는 대형 그네를 휠체어 사용자도 탈 수 있다는 건 상상조차 못 했다. 개인의 상상력이 모국의 국경을 넘기가 얼마나 어려운지를 또다시 실감한다. 30여 분에 걸쳐 안전장치를 착용하고 점검한 뒤 줄에 매달린 V가 천천히 하늘로 떠오른다. 더 높이, 더 높이, 줄이 닿을 수 있는 끝까지 올라간 V가 하늘을 가르며 앞뒤로 크게 흔들린다. 허공에서 V는 또다시 "어어어!"를 외치며 온몸으로 기쁨을 표현한다. 땅 위에 선 사람들이 모두 고개를 들어 V를 올려다보며 박수를 보낸다.

캠프를 마치고 돌아온 나는 마치 체험 학습을 다녀온 초등학생처럼 들떠서 지인에게 전화를 건다. 누가 시키지도 않았는데 신문물 보고서를 쓰듯 말이 술술 쏟아진다. 새로운 문명을 마주한 사람은 그것을 만방에 알리고 상상력이 국경을 넘게 할 의무가 있다.

채식주의 장애인, 유제품 알레르기가 있는 장애인, 글루텐 프리 식사를 하는 장애인, 쌀을 못 먹는 장애인, 빵을 못 먹는 장애인 등 음식 제한 목록을 듣기만 해도 숨이 찰 지경인데 그 다양한 요구에 맞춰 제공된 2박 3일간의 식사도 정말 신선하고 맛있었다. 숨도 쉬지 않고 장애 캠프 경험담과 감탄을 쏟아 내던 나에게 지인이 한마디 툭 던지며 더는 말이 필요 없게 만든다.

"언니, 여기는 '장' 자만 들어가면 다 좋아요."

장애인 지원사는 만능인

꿈꾸면 이루어질까? 장애 캠프에서 만나 꼭 한번 지원해 보고 싶다고 생각한 고객 O가 무려 65쪽짜리 지원 지침과 함께 내게로 왔다.

세상만사가 그렇듯 장애인 지원에도 '쉬운 일'과 '어려운 일'이 있다. 육체적으로나 정신적으로 노동강도가 높은 지원이 있고, 그렇지 않은 지원이 있으며, 책임이 막중한 지원이 있고, 상대적으로 부담이 덜한 지원도 있다. 대부분 사람들이 수월한 일, 단순한 일, 책임이 덜한 일을 선호할 것 같아도 세상에는 그렇지 않은 이들이 꼭 있다. 신기하게도.

주로 중증 복합 장애인을 담당하는 장애인 지원사 도린

이 이렇게 말했다.

"야외 활동이 많은 고객보다 오히려 기중기를 사용해서 개인 돌봄을 지원해야 하는 중증 신체장애 고객이 지원하기에 더 편한 점도 있어요. 한번 익숙해지면 그리 어렵지 않고, 딱 매뉴얼대로 하면 되니까 신경 쓸 것도 없고 부담도 덜 해요."

장애인 지원 에이전시에서 O를 만나러 가기 전에 참고하라고 보내 준 지원 지침에 빼곡하게 담긴 정보와 지원 요령을 보니 오만가지 생각이 다 든다. 어쩌자고 선뜻 O를 맡겠다고 나섰을까? 지금이라도 안 하겠다고 에이전시에 전화할까?

호주의 장애 복지 분야 일자리는 워낙 인기 있고, 장애인 지원사도 넘쳐 난다. 장애인 지원사들의 나이, 배경, 경험이 제각각인 만큼 에이전시에서 굳이 장애인 지원사가 원하지 않는 고객을 억지로 배정하지 않는다. 내가 아니라도 O를 지원할 사람은 분명히 있다는 뜻이다.

호주 상애인 지원사는 업무 유형이 아주 다양하다. 그중 '지원 그룹홈'에서 일하기를 선호하는 사람들이 많다. 인기 있다는 말은 곧 경쟁이 치열하다는 뜻이라, 지원 그룹홈 일자리는 결코 쉽게 구할 수 없다. 지원 그룹홈이 장애 당사자의 장애의 유형과 정도에 따라 다양하게 운영되는 만큼 업무의 강도와 내용도 달라질 수 있다. 대체로 지원 그룹홈에서 파트타임 정규직으로 일하려면 일반적인 커뮤니티 참여 지원과는 다르게 복잡한 의료적 처치 능력과 전반적인 돌봄 기술이 필요하다.

지원 그룹홈에 거주하는 장애인 중에는 뇌전증, 경련, 발작, 천식이 있는 경우가 많아서 이에 대응할 응급처치 능력이 중요하고 약물의 관리와 복용, (휠체어, 발목보조기, 의사소통 도구 같은) 보조 기기 사용, PEG 튜브 급식, 금전 관리, 배변 관리, 천장형 기중기 조작 같은 실질적인 역량이 반드시 필요하다. 이 밖에도 고객의 식사 조리, 병원 진료 동행, 가족과 소통, 주간 활동과 주말 계획에 이르기까지 장애인 지원사가 맡는 일이 정말 다양하다. 상당한 의료적 처치가 필요한 최중증 장애인도 지원 그룹홈에 많이 거주하기 때문에, 단시간 커뮤니티 참여를 지원하는 것보다 훨씬 더 포괄적인 지식과 경험이 필요하다. 한마디로 가정에서 부모나 다른 가족이 장애 당사자를 돌보는 데 필요한 모든 일을 그룹홈에서는 장애인 지원사가 수행한다고 보면 된다.

게다가 지원 그룹홈에는 장애인이 한 명이 아니라 서너 명이 같이 사는 경우가 많은데 이들이 먹는 음식, 사용하는 보조 기기부터 의료적 상태, 이동 방식, 목욕 방법, 하루 일정, 주말 계획에 이르기까지 뭐 하나라도 같은 것이 없다. 사정이 이런데도 장애인 지원사들 사이에서 지원 그룹홈의 일자리가 인기 있는 것은, 장애 당사자들의 복잡한 요구에 걸맞게 시설이 잘 갖춰져 있고, 당사자와 장애인 지원사 간 또는 장애인 지원사들 간 소통이 원활하도록 갖가지 지원책이 꼼꼼하게 정비되어 있으며, 무엇보다 인력이 아낌없이 투입되기 때문이다. 지원 그룹홈은 요양원처럼 다수가 거주하는 게 아니라 소수 장애인이 주택을 공유하는 형태라서 노동강도 면에서도 요양원 요양보호사하고는 비교조차 할 수 없을 만큼 매력적이다.

내가 격주로 목요일에 방문하는 고객의 지원 그룹홈에는 장애인 세 명이 산다. 이 집은 상주하는 장애인 지원사들이 번갈아 가며 24시간 근무하고, 각 입주자의 외부 활동을 동행하고 지원하는 외부 지원사들이 따로 배정되어 있다. 이해를 돕자면, 가정에서 장애 자녀를 돌보는 부모들이 장애인 지원사 서비스를 활용하듯 지원 그룹홈에 사는 장애인이 커뮤니티 참여나 외부 활동을 위해 별도로 장애인 지원사 서비스를 받는다는 뜻이다.

호주에서 가정에 거주하는 장애인의 장애인 지원사 서비스 이용은 장애 당사자의 나이, 장애의 유형과 정도, 가족 문화, 부모의 직업 유무와 생활 방식에 따라 다양하게 구성된다. 그중 일상 전반에 지원이 필요한 중증 장애인의 경우, 보통 장애인 지원사를 여러 명 두고 지원 업무를 분산한다. 돌봄과 지원의 안전성을 위해 위험을 분산한다는 점에서 '달걀을 한 바구니에 담지 않는다'는 격언과 일맥상통한다.

내가 현재 지원하는 중증 복합 장애 청소년 O는 항상 장애인 지원사 두 명이 동시에 배치되어야 한다. 하루 동안만 해도 최소 네 명의 장애인 지원사가 필요하다. 아침 등교 준비에 두 명, 오후 방과 후부터 취침 전까지 또 다른 두 명이 필요하고, 주말에는 오전 9시부터 저녁 7시까지 장시간 지원이 필요하다. O의 부모는 에이전시 두 곳을 통해 열 명 가까이 되는 장애인 지원사로 팀을 구성해서 요일과 시간대에 따라 순환 배치되도록 운영하고 있다. 이 팀의 장애인 지원사 대부분은 이미 몇 년째 O를 지원한 숙련된 전문가들이고 나는 최근 합류한 신입이다. 보통 이렇게 고난도 지원이 필요한 고객에게 신참 지원사를 투입할 때는 에이전시에서 숙련된 기존 지원사와 짝을 지어 일하면서 자연스럽게 배우도록 돕는다. 나도 O를 오래 지원한 장애인 지원사 해나와 며칠 동안 '섀도

시프트(Shadow Shift)', 즉 견습 근무를 했다. 호주에서는 장애 당사자의 요구가 복잡하거나 지원의 난도가 높을 경우, 부모가 직접 신입 지원사에게 가르치는 방식보다는 현장에서 숙련된 장애인 지원사가 실무를 함께하며 설명하고 가르치는 방식이 일반적이다.

내가 매주 월요일에 지원하는 성인 지적장애 고객 P도 요일마다 다른 장애인 지원사가 배정된다. 그 이유는 단순하지만 아주 중요하다. 특정 지원사 한두 명에게 1주일 내내 업무를 집중시키면, 그 사람이 아프거나 휴가를 가거나 갑자기 일을 그만두었을 때 공백을 메우기가 쉽지 않다. 특히나 장애인들 중에서도 발달장애인들은 새로운 장애인 지원사와 서로 익숙해지려면 상당한 시간이 필요한데, 이 시간이 당사자와 가족 모두에게 큰 부담이 된다. 하지만 요일마다 다른 지원사를 배치하면 상황이 달라진다. 어느 월요일에 내가 갑작스럽게 출근하지 못하더라도, 다른 요일에 일하는 장애인 지원사 중 이미 P와 익숙한 사람이 내 자리를 채울 수 있다. 그 덕에 당사자도, 가족도, 장애인 지원사 팀도 '지원 인력의 공백'이라는 충격을 훨씬 부드럽게 넘길 수 있다.

이런 노동 문화에서 나는 가장 큰 혜택을 누린다고 볼 수 있다. 신체장애, 발달장애, 정신장애, 복합 장애 등 다양한 장애 당사자들과 함께하다 보니 이 일은 지루함이 찾아들 새가 없이 매일 새롭다. 아무리 수월하고 책임이 적은 지원이라도 매일 같은 고객을 일대일로 만나면 지루해지거나 매너리즘에 빠지기 쉬운 환경이 되고, 직업적 전문성을 쌓는 데도 한계가 느껴진다. 결과적으로, 내가 다양한 고객을 지원하면서 전문성을 높일수록 일에 대한 자신감이 커지고 내가 원하는 고객을 선택할 기회도 많아진다.

현재 내 고객은 초등학생부터 60대 어르신까지 나이가 다양하고 신체장애, 발달장애, 치매, 섭식장애, 다운증후군, 중증 복합 장애, 의료적 처치가 많이 필요한 고객 등 장애 유형의 폭도 넓다.

뇌성마비, 지적장애, 과독증(hyperlexia), 근육긴장이상증, 발작과 경련, 삼킴곤란에 따른 PEG 튜브 급식 등이 있는 O는 어쩌면 내가 이 일로 만나는 고객 중 가장 위중한 복합 장애인일지도 모른다. O를 집에서 지원하는 데 필요한 보조 기기가 휠체어, 목욕 의자, 기립기, 천장형 기중기, 제2의 피부로 불리는 착용형 보조 슈트, 발목보조기, 의사소통 보조 기기 등으로 끝없이 이어진다. 다행히 물리치료사와 작업치료사가 정기적인 가정방문으로 기기를 점검하고, 모든 지원 인력이 같은 방식으로 지원과 마사지와 재활을 진행할 수 있도록 지침을 만들어 준다.

O를 지원하는 일은 예상대로 난도와 복잡성과 다양성 면에서 단연 최고다. 단순한 기기 사용을 넘어 의료적 처치까지 해야 하기 때문에 집중력도 필수다. O를 다리 재활을 위해 쓰는 기립기에 앉혔다 세우기를 반복하다 보면 내가 장애인 지원사인지 재활치료사인지 헷갈리고 취침 전에 팔다리의 운동 겸 마사지를 할 때는 물리치료사가 된 기분이다.

"나, 간호사가 된 것 같아."

간호학을 전공 중인 해나에게 약물 지원과 PEG 튜브 급식을 배우다 한 말이다. O는 저녁에 무려 열다섯 가지 약물을 복용한다. 갈아서 투여해야 하는 약, 갈면 안 되는 약, 흔들면 안 되는 물약, 흔들어야 하는 물약, 눈에 뿌리는 스프레이, 입 안에 뿌리는 스프레이, 천식 흡입기까지 이름은 물론이고 투여 용량, 용법, 시간도 제각각이다. 초보자인 나로서는 약물을 정확하게 준비하고 투여하는 데만 한 시간 가까이 걸린다.

게다가 O의 건강 상태에 따라 약을 입으로 줄지, PEG 튜브로 공급할지도 달라져서 사수 해나는 이 두 가지 상황을 친절하고 꼼꼼하게 설명하며 가르쳐 준다. 솔직히 의학 용어와 약물 지식은 한국어로도 어려운데 영어로 듣고 익히고 실행

중이니, 정신 줄을 놓지 않고 버티는 것만으로도 나 자신이 대견할 뿐이다. 대학 졸업 후에 구급대원을 꿈꾸며 공부 중인 능숙한 장애인 지원사 해나와 비교해 보면 내 어설픈 손놀림에 한숨이 절로 나오지만, O의 어머니와 해나는 나를 아낌없이 칭찬해 준다.

장애인 지원사는 그야말로 '만능인'이다. 요리사, 간호사, 작업치료사, 물리치료사가 하는 일을 조금씩 흡수하고 익혀야 한다. 아마 바로 이런 점 때문에 내 직업에 대한 긍지와 자부심이 커지지 않을까 싶다. 전문적인 장애인 지원사가 되기 위해 오늘도 나는 달린다.

장애 여성 셋이 살고 있습니다

내 키가 162센티미터인데 Q의 정수리가 내 가슴께 높이에 있다. 가느다란 금발을 뒤로 바짝 묶고 파란색과 흰색으로 장식된 뿔테 안경을 쓴 Q. 두툼한 안경알 너머로는 잔주름 많고 푸석한 피부가 보인다. Q는 전형적인 다운증후군 체형의 성인 여성 고객이다.

Q는 매주 월요일부터 금요일까지 오전 9시부터 오후 3시까지 주간 프로그램 센터에 다니며, 다운증후군 고객 가운데 기능과 지능이 상당히 높은 편이다. 여기서 기능과 지능이 높다는 말은 장애 복지 분야에서 중시하는 자기 주변 정리, 자립 및 자조 기술, 일상생활 능력, 말하고 읽는 능력 등이

상대적으로 뛰어나다는 뜻이다. 다시 말해, 비교적 돌봄이 덜 필요한 고객이다.

지원 그룹홈에서 생활하는 Q는, 장애인 지원사가 특별히 도와주지 않아도 스스로 아침에 일어나 전날 본인이 준비해 둔 도시락 가방과 물통을 비롯한 준비물을 챙긴다. 혼자 아침 식사를 하고 옷을 갈아입은 뒤 역까지 걸어가서 기차를 타고 주간 프로그램 센터에 간다.

큼직한 검은색 가방을 메고 체육관에서 갈아입을 운동복이 담긴 가방과 커다란 물통을 양손에 하나씩 든 채 나를 기다리는 Q는 나와 격주로 목요일에 만나 오후 3시부터 7시까지 함께한다.

"오늘 저녁은 버터 치킨을 만들 거야. 오늘 저녁은 버터 치킨을 만들 거야. 오늘 저녁은 버터 치킨을 만들 거야."

"그래, 아주 맛있겠다."

이미 맞장구쳤지만 Q는 운전하는 내 옆에 앉아 같은 말을 몇 번이고 반복한다.

장애인 지원사 일을 시작하기 전에도 발달장애인의 발화 방식이 비장애인과 다르다는 사실을 알고 있었지만 직접 마주했을 때 놀라움이 생각보다 컸다. 발달장애인은 같은 말이나 상황에 맞지 않는 표현을 되풀이하는 경우가 흔하다.

운동을 좋아하는 Q와 체육관에 가서 운동을 도와준 뒤 Q의 집으로 가 저녁 메뉴를 같이 요리하는 것이 주요 활동이다. 2주마다 그녀와 보내는 시간은 내가 특히 좋아하는 지원이고 어느덧 1년 가까이 즐겁게 만나고 있다. 장애 고객, 특히 성인 고객의 관심사와 장애인 지원사의 취미나 특기가 맞아떨어질 때, 마치 천생연분처럼 환상의 짝꿍이 되기도 한다. 좋은 장애 에이전시는 바로 이런 연을 탁월하게 이어 준다.

"우리 집에 새 멤버가 왔어."

"그래? 신나겠네. 이름이 뭐야?"

드디어 한 지붕 아래 여자 셋이 모였다. 세 명 모두 성인 장애 여성이다. Q는 방 네 칸짜리 지원 그룹홈에서 또 다른 장애 당사자인 S와 함께 살고 있었다. 방 하나는 장애인 지원사들이 쓰는 사무 공간으로, 그 안에는 야간 근무자를 위한 침대도 있다. 장애 당사자들의 공간인 방 셋 중 마지막 빈방의 주인 T가 드디어 합류해 집 안이 세 여성의 에너지로 가득 차게 되었다.

1년 전 처음 Q를 만났을 때 Q와 S가 같이 사는 모습을 보며 문득 김하나, 황선우 작가의 책 『여자 둘이 살고 있습니다』가 떠올랐다. "혼자도 결혼도 아닌, 조립식 가족의 탄생"이라는 부제가 호기심을 자극한 이 책을 단숨에 읽었다.

책에서 본 두 작가의 동거는 일반적인 가족 관계와 달랐다. 집이라는 공간을 공유하면서도 각자 경계가 분명하고, 심리적 의존이나 기대는 부담이 되지 않을 정도로 느슨했다. 한 공간에서 함께 사는 사람들이 이런 관계를 유지할 수 있다면 충분히 괜찮은 삶의 방식이라는 생각이 들었다. 부제 그대로, 이 책은 새로운 '가족의 탄생'을 상상하게 만들었다. 굳이 결혼이라는 제도가 아니어도, 꼭 남녀의 조합이 아니어도 따뜻하고 건강하게 함께 살 수 있다는 사실을 일깨워 준 책이다.

장애 여성 세 명이 함께 생활하는 지원 그룹홈도 '조립식 가족'이다. 장애 정도가 비슷하고 성향이나 성품이 잘 맞는 세 여성이 공간과 기능을 나누며 일상의 리듬을 조율해 가는 새로운 가족의 모습. 세상에서 부르는 이름은 '지원 그룹홈'이지만, 나에게는 새롭게 탄생한 가족으로 여겨진다. 물론 지원 그룹홈의 특성상, 이곳에서는 장애 당사자들뿐만 아니라 매니저, 상주 장애인 지원사, 장애 당사자의 가족 들이 함께 조율하며 모든 결정을 내린다. 다양한 목소리가 공존과 배려를 노래하는 이 공간의 삶을 격주마다 엿보는 일은 언제나 설레고 정겹다.

Q는 올해 35세. 정리정돈을 잘하고 실행력이 뛰어난 맏언니

다. 자신의 하루 일과와 집안에서 맡은 구실을 잊지 않고 성실히 해낸다. 요리를 사랑하고, 요리 솜씨에 자부심도 대단한 그녀는 언젠가 카페를 열겠다는 원대한 꿈을 품고 있다.

Q의 칼질, 채소를 씻고 다듬는 손길, 불 조절 능력은 누가 봐도 하루이틀 쌓은 내공이 아니다. 내 주변의 비장애 성인들 중 부엌일을 그녀만큼 해내지 못하는 사람이 많은 점을 고려할 때 장애 여부와 관계없이 Q의 요리 실력은 충분히 칭찬받을 만하다.

좋은 장애인 지원사는 고객보다 앞서지 않는다. 아무리 내가 요리를 좋아하고 버터 치킨에 곁들일 밥 짓기가 쉽다고 해도 나서지 않는다. 나는 Q가 원하는 방식으로, 그녀가 어릴 때부터 엄마에게 배웠다는 방식으로 요리를 이어 가도록 옆에서 지켜보며 부엌이 그녀의 무대가 되게 한다. 눈치껏 틈틈이 싱크대를 정리하고, 밥물이 넘치기 전에 슬쩍 불을 줄이는 건 보조로서 당연히 내가 할 일이다.

T는 올해 32세, 발달장애인으로 가장 늦게 입주했다. 말로는 '예'나 '아니요'같이 아주 간단한 표현만 할 수 있으며, 주로 휴대전화를 활용해 의사소통을 한다. 여유롭고 차분하며 손으로 뭔가를 만드는 작업에 특별한 재능과 관심이 있다. 인터

넷으로 주문한 부자재를 조립해 만든 귀걸이를 장애인 지원사와 주말 장터에 들고 나가서 직접 팔고 돈도 번다. T의 어머니는, 장애인 딸을 키우면서 설립한 장애 에이전시를 통해 직접 고른 장애인 지원사를 딸에게 연결해서 딸이 다양한 활동을 하게 돕는 당찬 인물이다. 꼼꼼한 T가 만들어 내는 귀걸이는 아기자기하고 사랑스러워서 나도 얼른 지갑을 열고 싶어진다.

덩치에 비해 애교가 많은 T는 자주 웃고 아주 사교적이다. 처음 만난 날도 나한테 자연스럽게 악수를 청하고 어깨를 톡톡 두드리며 말을 걸었다. "내 남자 친구야." 이렇게 직접 소리 내기 어려운 말은, 글을 음성으로 바꾸는 휴대전화 앱을 통해 들려준다. 찬양하라, 테크놀로지의 세계여! 아날로그 감성을 고수하며 신기술을 등한시한 나로서는 이 앞선 유저 앞에 그저 회개할 수밖에 없다. 장애 복지 영역에서 테크놀로지는 그야말로 전지전능한 신의 선물이다. 휴대전화가 없었다면 T와 소통하기가 지금처럼 편하진 않았을 것이다. 장애의 벽을 허무는 기술이 고맙지 않을 수 없다.

T는 휴대전화에 저장된, 남자 친구와 찍은 사진과 하트 가득한 '사랑해' 메시지를 끊임없이 보여 준다. 자랑하고 싶어서 몸이 근질거리나 보다. T와 함께 있을 때 '장애'는 자연

스럽게 잊히고 사랑에 빠진 서른두 살의 여성만 보인다. 참 아름다운 시기다. 마음껏 사랑하고 사랑받기를.

이 집의 막내 S는 24세로 언뜻 보기에도 막내티가 철철 흐른다. 걸을 때 한쪽 다리를 심하게 절고 팔도 떨어서, 물컵이라도 들었다간 물이 흘러넘친다. 말할 때도 심하게 더듬기 때문에 S와 대화하려면 인내심이 꽤 필요하다.

가슴이 깊게 파인 짙은 보라색 시폰 원피스와 큼직하고 반짝이는 브로치를 들고 나온 S가 말한다.

"남자 친구 만날 때 입으려고 샀어."

이럴 때 S는 영락없이 앳된 20대 숙녀다. 웃는지 화내는지 구별하기 힘든 소리로 매일 자기 방에서 남자 친구와 통화하는 S가 그 사랑을 오래도록 이어 가길 바란다.

어쩌다 보니 나는 '새로운 가족의 탄생'을 수시로 목격한다. 내 장애 당사자 고객 중 여러 명이 지원 그룹홈에 산다. 여자 둘과 남자 한 명이 같이 사는 집, 모두 휠체어를 쓰는 중증 장애인 네 명이 사는 집, 자조 능력이 뛰어난 장애인 세 명이 자립 생활을 하는 집, 장애와 성별이 다양한 다섯 명이 사는 집 등 모두 제각각이다. 부모가 경제적으로 넉넉한 자폐 성인 고객이 본가 근처에 마련된 자기 집에서 24시간 장애인 지원사의 지원을 받으면서 자립과 자조 능력을 쌓기도 한다.

탈시설화가 완료된 호주에서 장애인이 가정 밖 공동체를 이루고 사는 지원 그룹홈은 지원형 독립 주거(SIL, Supported Independent Living), 장애 맞춤 주거(SDA, Specialist Disability Accommodation), 단기 주거(STA, Short Term Accommodation), 중기 주거(MTA, Medium Term Accommodation) 등으로 나뉜다.

SIL은 비교적 자립 능력이 좋은 장애인이 최소한의 지원으로 독립적 생활을 할 수 있다. 중증 장애인을 위한 공간인 SDA는 휠체어 사용자의 이동을 위해 방이나 욕실에 천장 기중기가 설치되는 등 장애의 특성에 맞게 고친 집들이 해당한다. STA는 주 보호자가 자리를 비울 때 장애인이 단기간 머무는 곳이고, MTA는 장기 거주를 위한 지원 그룹홈에 들어가기 전에 임시로 머무는 곳이다. NDIS가 '사람 중심의 맞춤형 지원'을 원칙으로 삼기 때문에 앞으로도 다양한 주거 형태와 새로운 가족이 계속 탄생할 것이라고 본다.

어쩌면 '정상 가족'이라는 개념은 이미 구시대의 유물일지도 모른다. 장애인들과 시간을 보내다 보면, 나도 모르게 마음 깊이 숨어 있던 정상 가족에 대한 환상, 남녀의 결혼과 출산을 중심에 두고 '유일하게 추앙받던 가족 모델'과 마침내 작별하게 된다. 이미 새로운 가족 형태를 이루고 살아가는 사람들을 마주하면 생각이 바뀌지 않을 도리가 없다.

"Q, 저녁 두 접시 먹어도 돼? 네가 만든 음식은 진짜 맛있어."

"접시에 담긴 버터 치킨부터 다 먹고 나서 배고프면 더 먹어."

식탐 많은 막내 S는 Q가 요리하는 날마다 두 번 먹겠다고 미리 선언한다. 맏언니 Q는 마지못해 허락하는 척하면서도 얼굴에 자부심이 한가득이다. 먹을 수 있는 음식보다 먹을 수 없는 음식이 많은 둘째 T는 소금과 후추만 뿌려 구운 치킨과 채소로도 충분하다며 연신 Q와 나에게 엄지를 올려 보인다. 두 시간이 넘게 걸려 완성한 버터 치킨과 쌀밥, 초록과 빨간색 채소에 하얀 페타 치즈가 어우러진 샐러드가 식탁에 놓인다. 그 앞에 앉은 여자 셋은 행복하다.

Q가 저녁 식사를 맡은 날, 자신과 새롭게 탄생한 가족의 건강을 생각해 신선한 샐러드를 꼭 챙긴다. 내가 가족을 위해 항상 채소를 챙기는 것과 다르지 않다. 식탁 위에 놓인 각양각색 샐러드처럼, 세 여자가 만들어 내는 소리와 몸짓이 저마다 다르지만 묘하게 조화를 이룬다.

저녁 7시 퇴근길, 내 배에서 꼬르륵 소리가 난다. 결심한다. 이번 주말엔 버터 치킨을 만들어 먹어야겠다. 벌써부터 고소한 버터 향이 입안 가득 퍼진다.

어서 오세요, 멜버른의 공립 수영장

"이모도 언젠가는 꼭 수영장 지원을 해 보고 싶어."

한겨울의 멜버른, 방학을 맞아 한국에서 놀러 온 대학생 조카와 집 근처 수영장에 갔을 때 내가 다짐했다. 따뜻한 스파에 나란히 앉아 있는데, 휠체어를 탄 중증 장애인들이 장애인 지원사와 들어오는 게 보였다. 그 모습을 보면서 나도 언젠가는 수영장 지원을 꼭 하고 싶다는 꿈을 털어놓았다.

마침내 그 꿈이 현실이 되는 날이 왔다. 멜버른의 수영장은 대부분 공립 시설이고, 차로 10분만 가면 만날 수 있을 만큼 생활 속 깊이 자리 잡았다. 호주는 '전 국민의 생활 수영'이 뿌리내린 나라다. '땅 부자' 나라답게 수영장 하나하나가 크고 여유롭고 아름답다. 대부분 넓은 공원 한복판에 자리하고 유리문으로 둘러싸여 있어서, 스파에 앉아 자연을 바라보면 마치 노천 온천에 있는 듯한 기분이 든다.

수영장 내부는 워터 파크처럼 설계된 곳이 대부분인데 지역마다 다 다르다. 가운데는 유아 풀, 다른 층에는 체육관, 실내외 레인 풀, 스파와 사우나……. 유아, 어린이, 청년, 중장년, 어르신 그리고 장애인까지 누구나 자신만의 방식으로 이 공간을 즐기고 회복할 수 있도록 설계되었다. 특히 스파는 노인의 재활치료나 장애인의 수중 물리치료에 적극적으로 활용된다. 스파와 사우나, 수영장 여기저기를 체험하던 조카가 눈이 휘둥그레져서 외쳤다.

"대~박! 이모, 이게 실화예요?"

멜버른 수영장을 처음 접한 조카는 적잖이 충격받았다.

겨울 평일 아침 10시쯤, 전동 휠체어를 탄 중증 장애인들이 하나둘씩 장애인 지원사와 스파로 들어온다. 스파 풀 한가운데 30대로 보이는 뇌병변 장애인이 젊은 장애인 지원사의 부드러운 손길에 기대어 몸을 물에 맡긴 채 둥둥 떠 있다. 그의 얼굴에는 흡족한 미소가 번진다. 오래된 친구처럼 이야기를 나누는 장애 당사자와 장애인 지원사 옆에서 물리치료사와 수중 재활치료를 받는 장애인도 눈에 띈다. 또 다리가 불편한 노인이 치료사의 도움을 받으며 걷기 연습을 하고, 그 옆에선 우리 같은 일반 시민이 물의 온기를 즐기고 있다.

스파 공간이 워낙 넓고 목적에 따라 잘 나뉘어 있어서 이렇게 다양한 이용자들이 불편 없이 조화를 이루며 같은 공간을 쓴다. 조카는 말 그대로 넋을 놓고 바라봤다. 중증 장애인을 이렇게 가까이서 본 것도 처음, 수영장에서 그들과 같은 물에 몸을 담가 본 것도 처음이다. 조카는 왜 충격에 빠졌을까?

멜버른의 수영장이 '보편적 설계(universal design)'의 정수를 보여 주는 공간이기 때문이다. 보편적 설계는 성별, 나이, 장애 유무, 언어 차이 등과 상관없이 누구나 이용할 수 있도록 설계하는 것이다. 멜버른 수영장은 이를 기반으로 장애인과 비장애인이 함께 어우러지는 통합의 가치를 실현한다. 여기서는 어린 몸, 늙은 몸, 걷지 못하는 몸, 스스로 가눌 수 없는 몸, 팔다리가 뒤틀린 몸, 말을 못 하는 몸, 생존을 위해 다양한 보조 기기를 착용한 몸까지 모두가 평등한 사용자로서 물을 즐긴다.

능력주의가 희박하고 사회적 평균에 대한 집착이 낮은 나라, 그런 호주에서는 사람들이 '자기 몸 그대로' 존재하는 풍경이 일상이다. 만약 누군가가 능력주의가 무너지면 어떤 풍경이 펼쳐지는지 보고 싶다면 멜버른의 수영장에 가 보라고 말하고 싶다. 누군가에겐 혼란의 공간처럼 보일 수 있지만, 또 누군가에겐 이보다 더 아름다울 수 없는 풍경으로 강렬히 기억될 것이다.

조카가 조심스레 물었다.

"이모, 그런데…… 이분들은 수영 끝나고 옷을 어떻게 갈아입어요?"

이민 초기에 나처럼 조카도 풍경이 바뀌니까 질문이 달라졌다. 몇 달 전만 해도 직접 경험이 없어서 내가 대답을 잘하지 못했을 텐데, 마침내 경험에 기초해 말할 수 있다.

수영장에서 물리치료를 받는 고객의 지원을 처음 맡아 수영장으로 가는 길, 설렘에 들떠 폴짝폴짝 뛰면서 예정보다 일찍 도착했다. 스파의 규모가 비교적 큰 수영장은 장애인과 어르신 들이 치료나 재활을 위해 자주 방문하기 때문에 장애인을 위한 시설과 보조 기구, 탈의실을 잘 갖추고 있다.

장애인 전용 탈의실*에 들어가려면 MLAK(Master Locksmiths Access Key)라는 마스터키가 필요하다. 휠체어를 타는 장애인이 외부 활동으로 다양한 시설을 이용할 때도 이 열쇠를 이용하면 편리하다. 예컨대 휠체어 그네를 탈 때 이 열쇠로 잠금장치를 풀고, 공원이나 공공시설 중 휠체어 전용 화장실에 들어갈 때도 이 열쇠가 필요한 곳이 있다.

수영장의 휠체어 사용자 전용 탈의실 내부가 궁금했는데, 이날 마침내 공식적으로 그 안에 들어가 볼 수 있는 기회를 얻었다. 다발경화증이 있는 54세 남성 고객 W, 에이전시에서 받은 안내에 따르면 말투가 조금 어눌하지만 의사소통이 가능하고 자조 기술이 뛰어나며 독립심이 아주 강한 분이다.

W가 요청한 수영장 지원 내용은 아주 간단해서 지원 시간 두 시간 중 실제 지원은 한 시간이면 충분하다. 장애인 지원사들 사이에서 '꿀 지원'이라고 불리는 지원 중 하나다. 그가 혼자 장애인 전용 택시를 타고 수영장에 와서 치료사와 수치료를 한 뒤 오전 11시가 되면 장애인 지원사 두 명이 도착해 그를 탈의실로 안내한다. 소변 주머니를 갈고 목욕을 돕고 옷을 갈아입힌 뒤 다시 안전하게 택시에 태워 드리면 장애인 지원사 업무가 마무리된다.

하반신을 거의 쓸 수 없는 W 같은 고객은 목욕할 때나 기저귀를 갈 때 기중기 장비가 필요해서 장애인 지원사도 두 명이 배정된다. 마침 천장 기중기를 이용한 수영장 지원을 꼭 해 보고 싶던 내가 에이전시에 전화를 걸어 W를 지원하는 데 꼭 나를 배정해 달라고 했다. 지원을 시작하기 15분 전에 수영장에 도착해 보니 그는 이미 치료사와 함께 수치료를 하는 중이었고, 11시에는 다른 장애인 지원사 마크가 도착했다. 미얀마 출신 20대 청년인 마크는 간호학을 공부하면서 장애인 지원사 일을 해 학비와 생활비를 번다고 했다. 작은 키에 작은 몸집, 검은색 비니 모자를 꾹 눌러쓴 모습이 인상적인 그는 밝고 친화력이 있었다.

치료사가 W를 입수용 휠체어에 앉혀 물 밖으로 이동시키면 이때부터 마크와 내가 협업을 시작한다. 동료와 손발이 잘 맞으면 자연스레 일에 흥이 붙는다. 마크는 이미 가정지원으로 몇 달 동안 W를 만났기 때문에 그의 요구와 성향을 세심하게 파악하고 있었다. 간호학도라서 의료적 처치도 능숙한 마크 덕에, W를 처음 지원한 나로서는 한결 마음 편하고 수월하게 일했다.

일반 화장실보다 두 배는 넓어 보이는 휠체어 전용 탈의실은 내부에 당사자를 눕혀 씻기고 말리고 옷을 갈아입힐 수 있는 침대가 마련되어 있고, 침대 위로는 천장 기중기가 설치되었다. 그 옆에는 샤워 시설과 커튼이 있어서, 당사자가 원한다면 다른 사람 눈에 노출되지 않고 씻을 수 있다. 또 한편에는 편의성과 동선의 효율성을 고려해 변기와 세면대가 나란히 있다.

멜버른의 수영장은 오늘도 더 나은 보편적 설계를 향해 급진적인 변화를 시도하고 있다. 최근에는 말이나 글을 통한 소통이 어렵거나 불가능한 사람들을 위해 보완대체의사소통(AAC)을 활용하는 수영장이 등장하고 있으며, 입구에 해바라기 스티커를 붙여서 겉으로 드러나지 않는 장애가 있는 사람들도 배려한다.

내 고객 중에는 발달장애인이 여럿 있고 그중 언어적 소통이 힘든 경우도 있다. 앞으로 이들과 수영장을 방문할 때는 그곳에 설치된 AAC 표지판을 통해 대화의 빈도와 질이 더 높아질 수 있기를 기대한다. 이런 장치가 장애 당사자만을 위해 존재하는 것이 아니라, 사회 구성원 모두에게 '말이 아닌 다양한 방식으로 소통하는 사람이 있다'는 사실을 자연스럽게 인식시키는 데도 큰 구실을 한다.

장애인을 지원하다 보면 나이가 들면서 내게 찾아올지도 모를 장애가 덜 공포스럽게 느껴진다. 장애를 쌍수 들어 반기지는 않겠지만 적어도 두렵지는 않을 것 같다. 안심이다.

호주 장애인 복지의 산증인

— NDIS 지원 코디네이터 A

"호주 토박이들이 말은 잘하는데 일은 못해. 한국인이 보면 속 터져."

이민 이후 수없이 들은 말이다. 실제로 요양원에서 일해 보니 지인들이 왜 이런 말을 했는지 바로 이해할 수 있었다. 물론 모든 한국인이 일을 잘하지도, 모든 호주 토박이가 일을 못하지도 않는다. 내가 일하는 요양원에서도 가장 닮고 싶고 함께 일하고 싶은 파트너는 몇 안 되는 호주 요양보호사 중 한 명이다. 반면에, 어떻게 저런 사람이 이 일을 할까 싶은 사람도 가끔 있다.

다양한 영어 억양과 문화가 뒤섞인 호주의 일터에서는

한국처럼 신속하고 효율적인 업무 진행이 쉽지 않다. 인도 출신 요양보호사와 파트너가 되어 함께 일해 보면, 우리가 같은 영어로 대화하는 게 맞는지 헷갈릴 때가 많다. 이럴 땐 아주 간단한 내용도 몇 번씩 질문하면서 다시 확인해야 한다. 이런 상황에서도 어찌됐든 이 사회가 굴러간다는 사실이 때로는 기적처럼 놀랍기까지 하다.

NDIS 지원 코디네이터인 호주 토박이 A는 '호주 토박이는 일 처리가 느리다'는 상식을 완전히 뒤집는 인물이다. A는 신속하고 정확하며 효율적으로 일을 처리한다. 숫자만 보면 정신이 아득해지는 나와 달리 암산도 척척 해낸다. "이렇게 일 잘하는 호주 토박이도 있네!" 감탄이 절로 나오는 한편 특정 집단에 대한 단순화와 일반화의 위험성을 새삼 느낀다.

A는 친구 캐럴을 통해 알게 되었다. 장애 당사자인 본인 아들들의 NDIS 지원 코디네이터가 훌륭하다고 극찬하던 캐럴에게서 A의 연락처를 받아, 장애 자녀를 둔 어려운 가정들과 연결해 주었다. 특히 장애 자녀가 여럿인 가정, 자녀와 부모 모두가 장애인인 가정, 장애 진단을 막 받아 NDIS에 가입했지만 정보 부족으로 예산 활용이 어려운 가정, 장애가 복합적이거나 중증이라 다양한 지원과 서비스가 필요한 가정에 A가 투입되면 그 가정이 점차 안정을 찾고, NDIS 제도를

효율적으로 활용하며 자녀를 더 잘 지원하는 방향으로 나아갔다.

A는 자폐인 30대 아들을 둔 엄마이기도 하다. 평생을 간호사로 일하다 은퇴한 뒤 NDIS 지원 코디네이터 일을 시작한 A는 장애 복지 분야에서 뛰어난 역량을 발휘할 수밖에 없는 인생 경험과 전문성을 지녔다. NDIS 전에 있던 장애 복지 제도를 통해 아들을 키웠고, NDIS의 도입 과정을 고스란히 지켜봤으며, 지금은 개인 예산을 활용해 성인 아들을 돌보고, 자신은 그 제도 안에서 일하고 있다. 그러니 호주 장애인 복지의 실상을 가장 깊이 이해하는 사람이라고 해도 될 것이다.

현재 A는 프리랜서 지원 코디네이터로 일하면서 주로 미취학 아동이나 학령기 아동과 청소년을 고객으로 두고, 일과 삶의 균형을 지키면서 살고 있다. A와 대화해 보면, 마치 장애 분야에 특화된 챗GPT와 이야기하는 듯한 기분이 든다. 장애와 관련된 궁금증을 묻기만 하면 막힘 없이 술술 정보가 나온다.

Q 지원 코디네이터가 되기 전에 어떤 일을 했는지, 어떤 계기로 이 일을 시작했는지 궁금해요.

A 40여 년 동안 간호사로 일했어요. 간호와 돌봄이 저한

테 잘 맞는 일이었고, 그 일이 참 좋았어요. 그런데 갑자기 코로나19가 유행하면서 병원 상황이 달라졌어요. 제가 수술 병동에서 일하고 있었는데, 같이 일하던 경험 많은 직원들이 하나둘 떠나고 그 자리를 신입 간호사들이 채우다 보니 업무가 과중해졌어요. 계속 그런 환경에서 일하는 건 제게도 환자에게도 안전하지 않겠다는 생각이 들었고, 결국 병원을 그만뒀어요. 40년 가까이 일했으니, 저 자신도 이제는 쉴 때가 됐다고 느꼈죠.

직장을 그만두고 나서 우연히 광고를 봤어요. 한 자폐 아동의 엄마가 도움을 요청하는 내용이었는데, 제가 할 수 있는 일이라는 생각이 들어서 연락했죠. 저도 자폐 아들을 성인으로 키운 엄마니까 자폐 아동에게 어떤 지원이 필요한지 잘 알고 있었고, 아들을 키우면서 장애 관련 제도를 이용해 본 경험이 있어서 정보가 많았어요.

광고를 낸 엄마에게 NDIS의 취지와 목표, 개인 예산 항목의 의미를 설명해 드렸어요. 책정된 예산을 어떻게 쓰는지, 청구는 어떻게 하는지 안내하면서 언어재활사나 작업치료사를 연결해 주고, 장애인 지원사도 소개했죠. 자녀가 장애 진단을 받고 막 NDIS에 진입한 부모는 대체 어디서 뭘 시작해야 할지 막막해하는 경우가 많거든요.

이 과정에 제가 소개한 작업치료사 한 분이 자신이 일하는 센터에서 지원 코디네이터로 일해 보지 않겠냐고 권해 이 일을 시작하게 됐어요.

Q 지원 코디네이터가 되기 위해 갖춰야 하는 자격이나 거쳐야 하는 교육과정이 있나요?

Ⓐ 현재로서는 누구나 지원 코디네이터가 될 수 있어요. 아직은 국가에서 요구하는 학력이나 자격증이 없어요. 하지만 장애 복지 분야에서 일하거나 장애 가족과 함께 산 경험이 이 일을 할 때 중요한 밑거름이 되는 것 같아요.

의무는 아니지만, '성장 공간(The Growing Space)' 같은 장애 관련 기관에서 집중적이고 포괄적인 지원 코디네이션 교육과정을 이수하면서 자기 계발을 할 수 있어요.

제 경험으로는 간호나 보건 분야에서 일해 본 경력이 아주 큰 자산이 됩니다.

Q 지원 코디네이터가 주로 하는 일과 책임은 어떻게 되나요?

Ⓐ 장애 당사자나 가족이 스스로 예산을 관리하고 필요한 서비스나 지원을 이용할 수 있게 교육해서 결국 제 도움이 불

필요하거나 줄어들게 만드는 게 제가 하는 일이죠. 그래서 지원 코디네이터를 위한 NDIS의 예산은 단기적으로 설계된 자금 항목인데, 아무래도 소아나 중증 장애라면 중장기적으로 필요할 수 있어요.

제가 하는 일을 몇 가지 열거해 볼게요. 장애와 목표에 맞게 예산을 쓰는지 확인하기, NDIS 참여자 본인이 예산 사용의 흐름을 숙지하고 어떻게 쓰이는지 확인하게 돕기, 저 자신의 전문성 증진에 힘쓰고 최신 정보 업데이트하기, 고객이 친근하게 접근할 수 있는 태도를 유지하고 전자우편·전화·문자에 신속하게 응답하기, 필요할 때는 외부의 지원과 도움을 요청하기, 다양한 지원 인력이 소통하고 협업하도록 회의 주재하기. 이렇게 하는 일과 책임이 다양해요. 특히 복합적이고 중증인 장애 당사자를 지원할 때는 다양한 지원과 서비스의 소통과 협업이 아주 중요하죠.

Q NDIS가 언제 만들어졌는지, 도입 배경은 뭔지도 말씀해 주세요.

A NDIS는 2013년에 시범 운영을 시작했고, 2016년에는 빅토리아주에 도입되었어요. 호주는 연방 국가라서, NDIS를 도입하기 전에는 장애인 지원이 6개 주·2개 준주 및 연방정

부의 개별 프로그램으로 분산돼 있었어요. 그래서 지역 간 지원 격차와 서비스 연결의 비효율성이 심각했고, 일관되고 통합적인 제도에 대한 요구가 높아졌죠. 이런 문제를 해결하고 장애인의 접근성과 지원 효율성을 개선하기 위해 국가 차원의 통합 복지 제도인 NDIS가 설계됐어요.

제 아들이 서너 살일 때는 NDIS가 도입되기 전이라 정부의 지원 패키지를 받는 데 3년을 기다려야 했고, 정보에 접근하기도 어려웠어요. 지원과 정책에 일관성이 없으니까 어떤 때는 치료비를 부모가 내기도 했고, 운이 좋으면 정부에서 지원하는 조기 개입 프로그램에 연결돼 공립 기관으로 다니기도 했어요.

지금 성인이 된 아들은 NDIS 예산으로 장애인 지원사들과 새로운 기술을 배우고, 커뮤니티 활동을 자유롭게 하면서 자조 독립 능력을 키우고 있어요. 성인이 되고도 NDIS 예산으로 언어 재활치료나 작업치료를 받고, 장애에 맞춘 옷이나 신발을 구입하고, 발화가 잘 안 되는 아들에게 필요한 의사소통 기기나 앱도 구매할 수 있어서 아주 만족스러워요.

NDIS 도입 후 장애 당사자와 가족의 삶은 비교할 수 없을 만큼 좋아졌어요. NDIS는 아들의 독립심, 사회 활동, 호기심 충족이란 면에서 긍정적인 영향을 줬어요. 이제 제 아들은 독립된 주거를 준비 중인데, NDIS가 지원할 거예요.

Q NDIS 참여자가 되는 데 조건이 있나요?

A 장애가 영구적인 사람, 평생 지속되는 사람은 누구나 해당됩니다. 그 밖에 만 65세 미만(만 65세가 넘어 장애 진단을 받으면 고령자 돌봄 시스템인 마이 에이지드 케어를 통해 지원을 받아야 한다.)호주 영주권자나 시민권자, 뉴질랜드인 가운데 특별한 비자가 있는 경우가 해당합니다.

Q NDIS의 핵심 가치가 뭘까요?

A 영구적 장애가 있는 사람들이 자기 삶을 최선의 조건에서 살도록 돕는 거예요.

Q 가족이나 부모의 경제력이 NDIS의 개인별 예산에 영향을 미치나요?

A NDIS는 가족이나 본인의 소득 심사를 하지 않기 때문에 전혀 영향이 없습니다.

Q 현재 아들의 NDIS 예산은 어떻게 관리하나요?

A 아들의 예산은 관리 대행형(Plan-managed)으로 운영되

고 있어서, 청구서는 모두 제가 선정한 예산 관리 대행사를 통해 승인되고 지불됩니다. 아들이 성인이니까 예산의 운영과 관리를 지원 코디네이터와 예산 관리 대행사가 맡아보고 저는 우리 모자의 관계에만 집중할 수 있어요.

다만 아들이 받은 모든 지원과 서비스에 대한 청구서가 저에게 통보되기 때문에, 제가 언제든 확인해 보고 적당하지 않거나 불필요하다고 생각하는 지원과 서비스는 뺄 수 있어요. 보통 비장애 자녀를 키우는 부모도 자녀가 성인이 되면 생활공간을 분리하고 경제적으로나 정서적으로 독립시키듯, 장애 자녀를 키우는 부모도 자녀가 독립을 원하거나 준비가 되었을 때 최대한 당사자의 독립을 지원하는 게 NDIS의 목표이기도 합니다.

Q 아들이 주거 독립을 계획 중이라면 구체적으로 어떤 주거 방식을 생각하고 있나요? 또 어떻게 그 계획을 진행할 건가요?

Ⓐ 다행히 저희는 주택을 소유하고 있어요. 그래서 아들의 장애에 맞춰 개조해서 살게 할 거예요. 성격과 취미가 비슷한 장애인 친구하고 살 계획이고, NDIS의 지원형 독립 주거 방식을 선택하려고 해요. 이 분야 전문 코디네이터와 작업치료

사를 고용해서, 그들이 제 아들의 주거 독립에 필요한 지원을 평가하고 예산을 산출해서 NDIS에 청구할 거예요.

Q 현재 장애 관련 지원과 서비스를 제공하는 기관은 대부분 민간이 맡고 있는데 정부는 어떤 일을 하나요?

A 2024년 10월 3일에 발효된 새로운 법률에 따라 NDIS에서 정부의 기능이 두드러져요. 정부가 법안을 만들고 자금을 제공하면 이 자금을 국가장애보험공단(NDIA, National Disability Insurance Agency)에서 통합적으로 관리합니다. 호주 연방정부를 비롯해 준주정부와 주정부도 NDIS 재정에 기여하고, NDIS 법을 관리할 책임이 있는 연방 장관은 주와 준주의 동의를 받아서 법적 권한을 행사해요.

Q 호주는 다문화 국가라서 NDIS를 이용하는 비영어권 이민 가정도 많습니다. 그런데 언어 소통 문제로 정보에 대한 접근과 이해가 어렵고, 복잡한 행정절차 때문에 이용하기도 쉽지 않은 면이 있어요. 보완할 방법이 있을까요?

A 호주의 공공기관에는 통역 서비스가 제공되고, NDIS를 비롯해 장애 관련 서비스에 대해서는 보통 영어 이외의 언어로 된 자료도 제공해요. 다문화 지원 그룹이 언어나 문화에

따른 어려움을 해결할 수 있도록 돕고, 지원이 필요한 가족을 사회복지사나 장애인 활동 지원 그룹과 연결해 줍니다.

Q 해마다 NDIS 운영 비용이 급증해서 개혁이 필요하다는 얘기가 많은데, 이유가 뭐라고 생각하나요?

A 정부가 애초에 NDIS에 등록하고 싶어 하는 어린이와 성인 장애인의 수를 충분히 계산하지 않았거나 예산이 얼마나 필요할지 정확하게 인지하지 못한 게 가장 큰 이유 같아요. 부도덕한 참가자나 서비스 제공자가 있다지만, 대부분의 장애 당사자는 NDIS의 규정을 따르면서 목표에 맞게 예산을 쓴다고 봐요. 이와 더불어 급증하는 생활비며 갖가지 인건비 같은 것이 영향을 미쳤다고 생각하죠.

Q 그럼 현재 호주 정부는 급증하는 운영비를 감당하기 위해 어떤 조치를 취하고 있나요?

A 안타깝게도, 정부는 NDIS의 지원이 필요한 장애 당사자의 접근을 더 어렵게 하려는 것 같아요. 최근 발표를 보면, NDIS가 기존 지원을 중지하는 항목에 관한 법안을 만들었어요. 정부는 지원 코디네이터 지원 항목을 줄이거나 없애고, 장애 당사자의 심리 상담 치료에 관한 자금을 줄이려고 해요.

한마디로 과거에 비해 예산을 엄격하게 조이는 상황인데, 이 변화로 영향받을 사람들이 사회적으로 가장 취약한 계층이란 점에서 걱정됩니다.

A와 한 인터뷰는 호주 장애 관련 제도의 역사를 되짚어 보는 뜻깊은 기회였다. 지금도 NDIS 서류를 제출하면 3개월 넘게 기다려야 할 만큼 처리 속도가 느린데, 30여 년 전 A는 자폐 진단을 받은 세 살짜리 아들을 위해 무려 3년이나 정부의 지원을 기다렸다고 한다. 그 긴 시간 동안 간호사로 일하면서 자녀를 키워 낸 A는 말 그대로 바위처럼 단단한 사람이다. 무엇보다 NDIS는 하루아침에 주어진 제도가 아니라 수많은 장애 당사자와 가족, 사회 구성원의 바람과 투쟁의 결실이라는 사실을 다시금 느꼈다.

인터뷰 말미에 A가 고객 수를 줄이면서 천천히 은퇴를 준비 중이라고 말했다. 나는 단호하게 말렸다. 단순히 일만 잘하는 전문가가 아니라, 당사자와 가족의 마음까지 읽어 주는 A 같은 NDIS 지원 코디네이터는 그야말로 가뭄의 단비 같은 존재다. A가 가능한 한 오랫동안 현장에서 버팀목처럼 함께해 주길 바란다. 누군가는 그저 그 자리에 있다는 사실만으로도 큰 위로가 되는 법이다.

장애 복지 혜택을 누리는 이민자 가정

― NDIS 서비스를 받는 장애 아동 부모 M

"혹시 NDIS를 들어 보셨어요?"

"잘은 몰라도 들어 본 적은 있어요. 제 고객 중에도 NDIS에 등록된 분들이 가끔 있거든요."

NDIS를 매개로 시작된 M과의 인연은 좋은 방향으로 흘러갔다. 세상에 똑같은 사람은 없지만, 자녀가 '다르다'는 사실 그리고 그 다름에 다양한 장애 진단명이 붙는다는 사실을 전하다 보면 부모들의 초기 반응도 저마다 다르다는 것을 알게 된다. 자식의 장애 진단 앞에서 땅이 꺼지고 하늘이 무너지는 듯한 충격을 피할 수 있는 부모는 거의 없겠지만 가족 구성원, 장애의 종류와 정도, 가정환경과 경제력, 자녀에 대한 기대, 출신 국가 등에 따라 반응의 강도가 달라진다.

M은 내가 NDIS 가입을 도운 부모들 가운데, 부부 갈등을 가장 적게 겪으며 긍정적인 태도로 장애의 세계에 발을 담갔다. NDIS에 아들의 장애 등록을 마치고, 아이를 있는 그대로 받아들이며, 엄마가 아닌 아들의 기준에 맞춰 사랑하는 법을 일찍이 깨달은 분이다.

M의 가장 아름다운 미덕은 솔직함 그리고 아이의 고유한 모습을 인정하고 사랑하는 겸손함이다. 코로나19 유행기에 처음 만난 M이 만난 지 얼마 안 된 나에게 늦둥이 셋째의 발달에 대한 고민을 털어놓았다. 솔직한 사람에겐 도움의 길이 열리고, 겸손한 사람은 그 길을 받아들이는 데 주저하지 않는다. M은 코로나 봉쇄 기간 중 가정학습을 하다 초등학생 아들의 발달이 예사롭지 않다는 사실을 알았다. 쉬운 산수도 이해하지 못하고 말을 술술 못 하며 단순한 질문에도 모르겠다고 하는 아들의 모습에 쌓여만 가던 답답함은, 지적장애라는 진단명이 내려지면서 비로소 그 실마리를 풀 수 있었다.

현재 중학교 3학년인 M의 아들은 특수학교에 다니고 있다. 초등학교 2학년 때 학교에서 실시한 지능검사에서 지적장애 수준의 결과를 받았지만, M은 지적장애라는 단어 자체를 떠올려 본 적도 없었다고 했다. 이제 보통 아이들과는 다른 방식과 다른 속도로 성장하는 아들과 함께, 보통 엄마들은 경험하지 못할 특별한 날로 삶을 채워 가고 있다.

Q 언제 어떤 계기로 한국에서 호주로 이민 왔나요?

A 2011년에 멜버른으로 왔어요. 남편의 건강이 가장 큰 계기였죠. 남편이 한국에서 IT 쪽 일을 했는데, 건강이 나빠져서 술이랑 담배를 완전히 끊었어요. 그때 한국 회식 문화가 안 좋았잖아요. 처음 한두 번은 건강을 이유로 술을 사양했지만, 매번 그렇게 하기가 힘들어진 거죠. 그러니 회식 참석을 피하고, 결과적으로 인간관계가 어려워졌어요.

한국 IT 업계에서는 경력이 쌓이고 나이가 들면 직접 프로그래밍을 하기보다는 관리 업무를 맡게 되는 경우가 많아요. 하지만 남편은 관리 업무를 원하지 않았어요. 그런데 주변 이야기를 들어 보니, 해외에서는 50대 이후에도 계속 프로그래밍 업무를 할 수 있다고 하더라고요. 이상하게도 그 무렵 주변에 이민을 준비하는 사람들이 많았고, 저희도 그런 분위기 영향을 받았어요. 남편이 IT 기술자라서 영어 점수만 되면 이민이 비교적 수월했던 점도 이민 결정에 영향을 미쳤죠. 저희는 그렇게 이민을 결심했어요.

Q 본인은 한국에서 어떤 일을 했나요? 지금 호주에서 일을 하시나요?

A 남편과 같은 회사에서 웹디자인을 하다 둘째 아이를 낳고는 육아에 전념했어요. 호주에 온 뒤 2018년부터 가정방문 요양사로 일하면서 다양한 장애인과 노인 들을 만나고 있습니다. 호주에 살다 보니, 전 세계 다양한 배경의 사람들과 마주하게 돼요. 신체적 장애뿐만 아니라 정신적 장애가 있는 분, 여러 연령대의 노인도 돌봐요. 주로 성인을 대상으로 한 개인 맞춤형 돌봄 서비스죠.

Q 이민 생활은 한국에서 일찍 은퇴하고 호주에서 제2의 직업을 갖는 것으로도 볼 수 있지요. 호주에서 처음 일을 시작했을 때 기분이 어땠나요?

A 셋째 아이가 학교에 들어간 뒤 요양보호사 과정을 공부하기 시작했어요. 출산과 육아로 오랫동안 직장 생활을 쉬었다가 다시 일하니까 정말 기쁘더라고요. 고객 집에 가서 화장실 청소를 하든, 장을 보든, 장애인 목욕을 돕든, 뭘 하든 다시 일할 수 있다는 것 자체가 행복했어요.

냉정하게 생각해 보면, 제가 아무리 웹디자인을 좋아해도 호주에서 관련 공부를 하지 않았고 영어 실력이 뛰어나지도 않은데 계속 웹디자인 일을 하고 싶다는 건 욕심일 뿐이죠. 현실적으로 아이 셋을 키우면서 가장 쉽게 접근할 수 있는 일이 가정방문 요양사였어요. 이민자고 출산과 육아로 경력이 단절된 데다 언어와 문화의 장벽까지 있으니 이것저것 따질 여유도 없었죠. 다행히 호주는 직업에 귀천이 없어서 정말 좋았어요.

Q 셋째 아이는 어떻게 NDIS에 등록했나요?

A 아이가 언어 발달이 많이 늦었어요. 그래도 한국어와 영어를 함께 쓰는 환경에서 자라다 보니 느린 거라고만 짐작했지, 장애일 거라고는 전혀 생각하지 못했어요. 아이가 아주 잘 먹고 잘 자고, 특별한 문제 행동이 없었거든요. 형, 누나랑 역할놀이도 조금씩은 했고요. 보통 자폐나 ADHD 아이를 키우는 부모는 외출 자체를 두려워한다잖아요. 그런데 우리 아이는 그럴 만한 모습이 전혀 없었어요. 게다가 셋째라서, 아이를 보는 시선도 느긋했던 것 같아요.

아이가 초등학교 2학년이 되었을 때 학교에서 지능검사를 했고, 공식적인 장애 진단 없이도 학교 측에서 아이에게 영어를 더 가르쳐 주기 위해 따로 선생님을 붙여 주더라고요. 그리고 3학년부터는 교실에서 일대일로 도와주는 특수실무사도 배정해 줬어요. 저처럼 무지한 부모는 그게 어떤 뜻인지도 몰랐는데, 학교에서는 이미 통합교육을 하고 있었던 거죠. 지금 돌이켜 보면, 부모가 이렇게까지 무지할 수 있나 싶어요. 루아나 씨를 만나기 전까지 정말 우리 아이는 언어 발달 지연만 있는 줄 알고 살았어요.

우리 아이가 장애라는 사실을 알고 처음에는 여러 번 울었어요. 가정방문 요양사로 일하면서 장애 고객의 돌봄 지침에서 'NDIS'라는 단어를 종종 봤지만, 그냥 에이전시 이름일 거라고 생각했어요. 1년 넘게 장애 고객을 만나면서도 NDIS에 대해 제대로 몰랐고, 장애 성인만 지원해 주는 제도라고 오해하고 있었어요. 그러다 루아나 씨를 만나 한국어로 자세한 설명을 듣고 나서야, NDIS가 어린이도 지원한다는 사실을 알게 돼 본격적으로 진단을 받고 등록하게 되었어요.

Q 소아청소년과 전문의를 만나서 진단받는 과정과 NDIS 가입 절차는 어땠나요?

A 처음에 장애 관련 정보가 아예 없어서 소아청소년과 전문의부터 찾아갔죠. 전문의가 한 시간가량 아이와 부모 면담을 하고는 아들의 담임교사와 특수실무사에게 직접 이메일을 보내 필요한 정보를 주고받더라고요. 특히 특수실무사가

3학년 때부터 6학년 때까지 쭉 아이를 지원해 아이의 학교생활을 가장 잘 이해하는 분이니까 그랬겠죠.

경미한 지적장애라는 진단을 받은 뒤 의사의 소견서, 언어재활사 소견서, 상담심리사 소견서를 NDIS에 제출하니까 한 달 정도 뒤에 NDIA에서 우리 아이에게 배정한 담당자에게서 연락이 오더라고요.

그 뒤 그쪽에서 안내하는 대로 담당자를 만나 학교나 학교 밖에서 아이가 겪는 어려움, 우리가 원하는 지원이나 서비스, 아이의 중단기 목표 등에 대해 상의하고 나니 등록이 되고 개인별 예산이 나오더라고요. 우리 부부는 늦둥이 아들이랑 시간 보내는 게 좋아서 장애인 지원사 예산은 필요 없었고, 치료랑 커뮤니티 활동 중심으로 예산을 신청했어요.

Q 연간 예산은 어느 정도 되는지, 어떤 지원과 서비스를 받는지 궁금하네요.

A 연간 1만 5000달러 정도를 NDIS 예산으로 지원받고 있어요. 예산은 크게 치료, 커뮤니티 활동, 장애 때문에 필요한 물품 구입 항목으로 나뉘어요. 치료는 언어재활사와 작업치료사를 격주로 만나면서 진행하고, 커뮤니티 활동으로는 올어빌러티(All Ability)라는 장애인 농구 클럽에 참여하는 데 예

산을 쓰고 있어요. 물품 구입 예산은 태블릿이나 감각 지원을 위한 장난감, 보조 기구 같은 것을 융통성 있게 구매할 수 있을 정도예요. NDIS가 장애 당사자 맞춤형 지원 제도라서 요구가 복잡하고 중증인 경우에는 다양한 범주의 예산이 많이 책정되지만, 우리 아이처럼 요구가 단순하고 장애가 비교적 경미한 경우에는 기본적인 치료 중심으로 지원받게 됩니다.

Q 몇 년간 치료사들을 만났는데, 치료사의 시간당 수당과 자질은 어떻다고 보세요?

A 저는 치료사분들께 정말 고마운 마음이 커요. 아이가 치료를 시작한 뒤로 눈에 띄게 좋아졌거든요. 저희 부부는 둘 중 한 명이 아이의 치료 시간에 꼭 함께해요. 치료 과정을 지켜보면, 언어재활사나 작업치료사의 교육 내용을 비장애 자녀에게도 적용하면 좋겠다는 생각이 들 때가 많아요. 치료사에게 교육받은 뒤 집에서도 같은 방법을 꾸준히 유지하려고 노력하고 복습도 열심히 해요.

전문가는 괜히 전문가가 아니더라고요. 치료사의 수당은 50분 수업 기준으로 200달러 정도예요. 이 비용을 제가 부담해야 했다면 솔직히 꾸준히 치료받기가 쉽지 않았을 거예요. 그런데 NDIS가 언어치료와 작업치료를 격주로 받을 수 있도록 예산을 지원해 주니, 부담 없이 정기적으로 일관된 치료를 받을 수 있어서 정말 고맙죠.

호주는 장애 당사자인 아이를 중심에 두고 다양한 전문가들이 협업하는 구조가 잘 갖춰져 있더라고요. 물론 모든 치료사가 학교까지 방문하는 건 아니고 학교 측과 협의가 필요하지만, 언어재활사나 작업치료사가 직접 학교에 찾아가 아이의 수업을 관찰하고 교사와 상담한 뒤 아이에게 맞는 전략을 제안하는 경우도 있어요.

부모로서는 정말 고마운 일이죠. 특히 장애 복지 분야에 처음 발 들였을 때는 부모한테 정보가 많지 않고, 저희처럼 이민자 가족은 언어적으로든 문화적으로든 접근이 더 어렵잖아요. 그런데 전문가들이 앞장서서 학교와 소통하고 아이의 학교생활을 직접 관찰한 다음에 피드백을 주니까 큰 도움이 됩니다.

장애 정도가 더 중한 경우에는 다양한 치료사들과 부모, 장애인 지원사가 모여 회의를 하기도 한다고 들었어요. 여러 지원이 제각각 흘러가면 당사자나 부모가 혼란스럽고 효과도 떨어질 테니까요. 저는 지금 받고 있는 치료사 서비스에 정말 만족하고 있어요. 제가 미처 못 하는 부분을 세심하게 도와주는데 정부 예산으로 지원되니까 더 고마워요.

Q 연간 예산을 받아 쓰는 방법을 좀 더 구체적으로 설명해 주시겠어요?

A 예산을 쓰는 방법이 정말 쉽고 간단해요. 호주의 정부기관 사이트(MyGov)에 로그인하면 호주 국세청(Australian Taxation Office), 메디케어(Medicare, 호주 의료보험), 센터링크(Centrelink, 호주의 일원화된 사회보장제도), NDIS 앱이 다 연결되어 있어요. NDIS 앱에서 NDIS 서비스를 통해 아이가 추구하는 목표, 예산의 종류와 금액, 지출 현황 등을 알 수 있고, 금액을 청구하는 항목이 있어요. 만약 아이가 언어 재활치료를 받고 제가 200달러를 먼저 지급했다면, 바로 NDIS 앱에 들어가서 200달러를 청구하는 거죠. 그러면 하루이틀 안에 제 통장으로 그 금액이 그대로 들어와요. 항아리에 예산을 넣어 놓고 우리가 필요한 곳에 필요한 때에 우리와 잘 맞는 지원 인력과 서비스를 찾아서 쓰는 느낌이랄까요?

Q 예산을 관리할 때 세 가지 방법이 있잖아요? 현재 이용하는 자율 관리형(Self-managed) 외에 어떤 방법이 있는지 설명해 주세요. 그리고 왜 이렇게 다양한 방법을 고안했다고 생각하세요?

A 처음 우리 가정에 배정된 NDIA 직원과 만났을 때 예산

사용 방식을 결정했어요. NDIA 직접 관리형(NDIA-managed), 관리 대행형, 자율 관리형 등 세 가지 방식이 있는데, 이 중 여러 방식을 혼합해서 써도 돼요. 우리 아이는 예산 규모가 작고 주로 치료 서비스만 이용해서 단순한 편이라 제가 직접 관리하기로 했어요.

그런데 중증 장애인 가정이나 가족 중 장애인이 여러 명인 경우처럼 예산이 억 단위로 책정되는 경우에는 상황이 달라져요. 이런 경우 당사자나 가족이 직접 예산을 관리하기에는 너무 복잡하고 시간도 많이 들기 때문에 NDIA 기관이나 장애 전문 에이전시에 송장 처리, 입출금 관리 같은 것을 위임하는 방식이 일반적이에요.

중증 장애나 복합적인 요구가 있는 가정에는 대개 지원 코디네이터가 배정돼요. 지원 코디네이터가 당사자나 가족의 상황과 생활 방식에 가장 적절한 예산 관리 방식을 안내하고, 필요하면 언제든 방식을 바꿀 수 있게 도와줍니다.

Q 지원 코디네이터 서비스를 이용해 보셨나요? 이용 경험이 있다면 어떤 일을 하는 직업이던가요?

A 잠깐 이용해 봤는데 우리 상황에는 크게 필요하지 않아서 지금은 이용하지 않아요. 지원 코디네이터가 담당하는 가

장 중요한 기능은, NDIS 가입자에게 필요한 정보나 서비스나 지원 등을 적절히 연결해 줘서 당사자가 더 독립적이고 자율적인 방식으로 살아갈 수 있도록 돕는 거라고 생각해요.

NDIS가 호주의 장애 복지 관련 분야를 전반적으로 책임지는 기관이다 보니, 제공하는 서비스와 지원이 아주 방대하고 복잡하더라고요. 당사자나 가족이 그 모든 정보를 스스로 찾아보고 이해하는 건 쉽지 않으니까 지원 코디네이터가 대신 해 주는 거죠.

참고로, 지원 코디네이터 서비스를 이용하거나 NDIA 직접 관리형, 관리 대행형 같은 예산 관리 서비스를 선택할 때도 비용은 모두 NDIS 예산에서 지원됩니다. 실제로 NDIS를 이용하면서 정말 잘 설계된 놀라운 제도라고 느껴요.

Q NDIS를 극찬하셨는데, 단점은 없을까요?
A 저는 개인 예산 규모가 작고, 범주도 비교적 단순해서 크게 불편하다고 느낀 점은 없어요. 주변 이야기를 들어 보면, 예산 규모가 큰 경우에는 NDIS 기준에 맞지 않게 예산을 쓰는 사례도 있고, 일부 NDIS 서비스 제공자들이 금전적으로 부당 이득을 취하는 경우도 있다고 하더라고요. 실제로 부정 사용이 적발돼 법적 제재를 받는 사례가 가끔 뉴스에 나오

거든요. 제도가 아무리 잘 만들어졌어도 그걸 악용하는 사람이 있으면 언제든 문제가 생길 수 있다고 봐요.

제 경우에는 NDIS에 처음 진입할 때 가장 어려웠던 것 같아요. 장애 진단을 받으려면 소아청소년과 전문의, 상담심리사, 언어재활사 등을 차례로 만나고 NDIS에 제출할 소견서도 받아야 하죠. 그런데 이 모든 과정에 돈이 드니까, 경제적으로 넉넉하지 않은 가정에는 큰 부담이 될 수 있어요. 공공 의료 서비스는 무료지만 대기 시간이 길고, 민간 의료 서비스는 대기가 짧은 대신 비용이 높다는 단점이 있어요. 이런 부분이 개선되어서 부모의 경제력과 무관하게 누구나 빨리 진단받고 NDIS 혜택을 받을 수 있으면 좋겠어요.

그리고 NDIS 서비스가 워낙 다양하다 보니, 부모가 얼마나 많은 정보를 알고 있느냐에 따라 받을 수 있는 예산 규모나 활용도에 차이가 난다고 느꼈어요. 이민 가정은 아무래도 정보 접근에 제약이 있다 보니 불리한 점이 많아요. 이런 점을 보완해 주는 구실을 하는 사람이 바로 지원 코디네이터인데, 이분들도 자질이나 전문성에 차이가 있어서 항상 기대만큼 도움을 받는 건 아니더라고요.

Q 아이의 고등학교 졸업 후 그리고 성인기를 어떻게 준비

하고 있나요?

(A) 아이의 장애를 잘 받아들이고 상황에 맞춰 나름대로 행복하게 살고 있지만 어쩔 수 없이 가끔은 미래가 걱정되죠. 학업은 잘 마칠 수 있을까, 어떤 일을 하면서 살까, 결혼은 할 수 있을까, 부모가 죽으면 어떻게 될까……. 그래도 아이가 잘 크고, 전문가들이 도와주고, NDIS의 지원이 있어서 예전에 비하면 훨씬 덜 불안해요.

부모로서 바람은 성인이 돼 스스로 감당할 수 있는 일을 하면서 독립해 지원 그룹홈에서 비슷한 또래 두세 명과 살면 좋겠다는 거죠. 호주에서는 성인 장애인을 위한 그룹홈 지원 서비스가 활성화되어 있거든요. 그래서 지금 자조 기술이나 일상생활 기능을 열심히 교육하고 있어요.

(Q) 부모 중에 아이의 발달이 느리거나 다르다고 느끼면서도 진단받기를 망설이는 분들에게 해 주고 싶은 말이 있나요?

(A) 내 아이에게 '장애' 진단을 받게 하고, 장애를 받아들이게 하기는 정말 어렵죠. 저도 그 심정을 깊이 이해해요. 하지만 지금 돌이켜 보면 조기에 정확한 진단을 받는 게 정말 중요하다는 생각이 들어요. 단순히 치료를 많이 받아서가 아니

라, 부모가 내 아이가 어떤 아이인지 제대로 이해해야 비로소 아이에게 필요한 지원과 도움을 구체적으로 고민할 수 있고 아이 특성에 맞는 개입을 제때 할 수 있거든요.

내 아이를 부모와 다른 독립적인 인격체로 받아들이는 게 무엇보다 중요해요. 아이의 장애를 부끄럽게 여기거나 '왜 우리 아이에게 이런 장애가 있을까', '내가 뭘 잘못했을까' 같은 생각에 스스로를 몰아넣기보다는 지금 아이에게 가장 필요한 것이 뭔지를 고민하는 편이 훨씬 더 의미 있다고 봐요.

혼자서 끙끙 앓지 말고 꼭 전문가를 찾아가 보면 좋겠어요. 진단을 받는 순간 오히려 마음이 후련해지기도 해요. 아이를 정확히 이해하지 못할 때는 안개가 자욱한 길을 걷는 것처럼 답답한데, 진단을 통해 그 안개가 조금씩 걷히는 느낌이 들더라고요. 전문가를 찾는 것도 아이가 장애인이라는 것도 결코 부끄러운 일이 아니에요. 오히려 그 용기 있는 첫걸음이 아이와 부모 모두에게 더 나은 길을 열어 줄 수도 있어요.

Q 만약 호주에 NDIS가 없었다면 지금처럼 아이를 지원할 수 있었을까요?

A 아이고, 어림도 없죠. 몇 달이나 1년 정도라면 어떻게든 감당하겠지만, 그 비용을 장기적으로 꾸준히 부담할 수 있는

가정이 얼마나 되겠어요?

가끔은 정말 궁금해져요. 호주는 어떻게 NDIS 같은 제도를 만들 생각을 했을까요? 장애 아동을 키우는 엄마로서는 정말 고맙죠.

내가 만나 본 장애 아동이 있는 가정의 부모는 싱글맘이거나, 부부로서 관계는 사실상 끝났지만 아이의 양육에 손이 많이 필요하다는 현실적인 이유로 한 지붕 밑에서 동거하는 경우가 많았다. 이런 점에서 M의 가정은 장애 아동을 키우는 데 가장 이상적인 가정에 가까워 보인다.

이 특별한 부부는 자녀의 장애 진단과 양육 과정을 함께 겪으면서 부부간 신뢰와 관계가 오히려 더 단단해지고 동지애가 절로 샘솟는다고 말한다. 어쩌면 이렇게 건강한 부모가 있기 때문에 장애 여부와 상관없이 세 자녀가 모두 밝고 건강하게 자라는지도 모른다.

가끔 M의 일상이 살짝 부럽고 궁금해진다. 나는 결코 가질 수 없는, 장애 자녀와 비장애 자녀를 함께 키우는 특별한 경험을 엿보고 싶은 충동이랄까? M을 만날 때마다 앞으로 더 찬란하고 다양한 색으로 물들어 갈 가정을 만나 보고 싶다는 욕구가 마음속 깊이 일렁인다.

닫는 글
죽음을 가르치는 고령자 돌봄

신체 기능과 인지 기능의 불일치가 심한 어르신을 가끔 만난다. 예컨대 같은 80대인데 한 분은 치매로 인지 기능을 대부분 상실했어도 거동에는 큰 어려움이 없고, 다른 분은 인지 기능은 젊은이처럼 또렷한데 신체 기능을 거의 잃었다. 두 경우 모두 안타깝기는 매한가지지만 고령자 돌봄을 하다 보면 자주 머릿속에 맴도는 질문이 있다. '나라면 어느 쪽이 좋을까?'

"루아나, 오늘도 정말 고마워. 언제 하늘이 부를지 모르니까 오늘이 마지막이라고 생각하고 작별 인사를 할게."

80세의 고객 X는 세 시간짜리 돌봄을 마치고 돌아설 때마다 마음이 먹먹해지는 작별 인사를 잊지 않았다. X의 집을 처음 방문하기 전날, 돌봄 지침에 적힌 병명 Pulmonary fibrosis를 보고 사전을 뒤적였다. 폐섬유증. X를 실제로 만나고서야 이 익숙하지 않은 병이 얼마나 고통스럽게 한 사람의 생을 천천히 거두어 가는지 알게 되었다.

"헉헉……헉헉…… 반가워."

처음 만난 날, 겨우겨우 현관문을 열어 준 X가 의자에 주저앉아 숨을 거칠고 짧게 내쉬었다. 거실 한쪽에 놓인 둔탁하고 묵직해 보이는 사각형 산소 발생기에서 뻗은 긴 줄 끝이 X의 양쪽 콧구멍에 연결되어 산소를 공급하고 있었다. 폐가 제 기능을 잃어 숨쉬기조차 힘겨워질 때 그 고통이 얼마나 클지를 X가 말 한마디 내뱉을 때마다, 걸음 하나 옮길 때마다 몸소 증명하고 있었다.

앉아 있을 기력조차 없는 듯 X는 바로 침대로 향했고, 침대에는 반쯤 읽은 듯한 책이 한 권 놓여 있었다. 티베트 승려가 쓴 죽음에 대한 책이라고, X가 숨을 끊어 가며 겨우겨우 설명해 줬다. 임박한 죽음을 이해하고 대비하기 위해 책을 읽는 어르신이라니, 이 풍경 자체만으로도 단번에 호감을 준 고객이다. 첫날 첫 순간부터 X를 좋아하지 않을 수 없었다.

X는 완화치료를 받고 있었다. 자신이 원하는 호스피스 병원에 자리가 나기를 기다리며 혼자 사는 집에서 방문 요양사들의 돌봄을 받으며 지내던 X가 매주 금요일 저녁에 찾아가는 나에게 부탁했다.

"루아나, 식탁에 놓인 내 사전 의료 및 돌봄 지침(Advance Care Directive for adults)을 숙지해 줘. 만약 너랑 있는 시간에 내가 의식을 잃으면 너에게 트라우마를 남길지도 모르니 너무 미안하지만, 꼭 거기 적힌 대로 처치해 줘."

죽음에도 공부와 준비가 필요할까? 그럼 어떻게 준비해야 할까? X는 이 질문에 대한 모범 답안을 만날 때마다 보여 주었다. 그간 부모님, 언니와 오빠 그리고 요양원 어르신들의 죽음을 목격했는데 X는 죽음을 대하는 자세가 달랐다. 뭐랄까, 다가오는 필연적인 죽음을 두려움에 휩싸여 수동적으로 받아들이기보다는 능동적이고 적극적인 자세로 죽음에 자신만의 숨결을 불어넣는다는 생각이 들었다. X는 자신이 지향하는 죽음의 과정, 장례식, 마지막 숨을 놓는 순간까지도 인간의 존엄을 잃지 않는 데 무엇이 필요한지를 삶으로 보여 주고 있었다. 죽음에도 공부와 준비가 필요하다는 깊은 울림을 준 스승이다.

X 덕분에 처음으로 호주의 사전 의료 및 돌봄 지침을 실물로 접할 수 있었다. 내가 막연히 생각한 것처럼 단순히 연명 치료에 대한 거부 의사를 기록하는 것이 아니라, 한 인간이 타인의 돌봄을 받기 시작하는 순간부터 죽음을 맞이하기까지 전 과정을 아우르는 돌봄과 의료적 처치에 대한 문서였다. 그 안에는 '내 삶에서 중요한 가치는 무엇인가', '종교적·영적·문화적 요구는 어떤가', '어떤 장소에서 돌봄을 받고 싶은가', '돌봄 과정에 누구의 개입을 원하는가', '죽음을 앞두고 가장 중요하게 여기는 것은 무엇인가', '장기 기증을 원하는가', '내가 원하지 않는 의료적 처치는 무엇이며, 어떤 상황에서 해당되는가'와 같은 질문들이 있었다. X가 작성한 이 문서를 읽는 것만으로도 미래에 닥칠 돌봄과 죽음의 과정을 미리 상상해 보고 지금부터 어떤 준비가 필요한지를 점검하는 소중한 기회가 되었다.

계획적이고 꼼꼼한 X는 남겨질 가족의 수고를 덜고 장례식에 참석할 지인들을 배려하는 마지막 준비도 잊지 않았다. 유산에 대한 유언, 장례식에 초대하고 싶은 사람 명단, 마지막으로 대접하고 싶은 음식, 장례식장을 채울 꽃과 음악, 재가 된 뒤 묻히고 싶은 장소까지 세세하게 따로 기록해 두었다. X의 마지막 준비는 남겨지는 사람들에게 너무도 자상하고 세심해서 가슴 한구석이 저릿할 정도였다.

"루아나, 내가 글 쓰는 재주만 있었다면 매일 느끼는 이 복잡한 감정과 돌봄을 기록하고 있을 거야."

64세 혈관성 치매 고객 Y의 남편이자 주 돌봄자인 71세 Z가 컴퓨터 앞에 앉아서 말했다. 수요일 아침, Y를 돌보는 네 시간은 한국에서 〈배철수의 음악캠프〉를 들으며 집안일 하던 시절을 떠오르게 한다. 평생 음악을 사랑한 Z는 아침에 일어나자마자 집 안을 음악으로 가득 채운다. 이 집에 들어서는 순간 가장 먼저 반기는 것이 Z가 잘 고른 음악이다.

나는 Y를 통해 50대에도 치매가 찾아올 수 있다는 사실을 알았다. 56세 즈음 증상이 시작되었다는 그녀는 지금 한마디도 못 하고 전신을 자신의 의지대로 움직일 수도 없는 상태다. 배변 처리와 생존에 필요한 모든 활동은 가정방문 요양사들과 남편의 손에 맡겨져 있다. 보통 이 정도의 고난도 돌봄에는 요양사 두 명이 투입되지만, 아내를 돌보려고 일찍 은퇴하고 주 돌봄자를 자처한 Z가 아침저녁으로 방문하는 요양사 한 명과 힘을 모아 아내를 돌본다. 몇 년간 매일 밤낮으로 아내를 돌본 손길과 돌봄 요령은 웬만한 요양사들이 따라가기 어려울 정도다. 단지 결심이나 의지만으로는 할 수 없는 섬세하고 지속적인 돌봄, Z는 아내를 진심으로 사랑하는 사람이다.

이 부부의 아들은 어려서 자폐 진단을 받았고, 현재 IT 분야 전문가가 되었다. 그리고 ADHD 여성과 결혼해 ADHD인 첫째와 자폐·ADHD인 둘째, 두 아이의 부모가 되었다.

아내의 요양원 입소를 생각해 보지 않았느냐는 내 질문에 그럴 수 없다고 단호하게 말하는 Z는 장모가 치매로 일찍 세상을 떠났기 때문에 아내에게 이른 치매가 찾아왔을 때 크게 당황하지 않았다면서 지금 상태로라도 아내가 오랫동안 곁에 살아 있어 주기를 바란다고 했다. 그의 한결같은 모습에 그동안 알지 못하던 또 다른 사랑의 형체를 본다.

장모와 같이 이른 치매가 아내에게 발병하고 아들의 자폐가 손자에게 이어지는 밀도 있는 삶이 Z를 단단한 어른으로 만들었기 때문인지, 지혜롭고 인자한 Z와 대화를 나누고 온 날은 장애나 질병이나 유전이 문제가 아니라 결국 곁에 어떤 사람이 있느냐가 중요하다는 생각에 이른다.

고령자 돌봄은 죽음을 가르친다. 죽음이 얼마나 다양한 모습으로 얼마나 제각각 다른 속도로 다가오는지 그리고 살아온 시간의 길이와 삶의 질이 비례하지는 않는다는 깨달음을 얻는다. 그래서 결국 남과 비교하지 않고 내가 주인이 되는 삶, 가장 중요한 것을 우선순위에 두는 삶, 내 일상의 순간을 소중히 여기는 선명한 삶으로 나를 이끈다.

나는 죽음에 대해 수시로 말하고 상상해 본다. 지인이나 가족들에게 내가 어떻게 노년을 보내고 싶은지, 병이 들면 어떤 돌봄을 받고 싶은지, 내 장례식은 어떤 모습이길 바라는지 거리낌 없이 이야기한다. 아들에게도 말한다. 엄마가 늙고 병들어 집에서 간병과 돌봄이 어려워지거나 치매가 심해져 가족의 얼굴조차 알아보지 못하는 순간이 오면, 죄책감 없이 요양원에 보내 달라고. 말로만 할 게 아니라 조만간 사전 의료 및 돌봄 지침과 유언도 작성해, 남겨질 가족의 결정과 선택이라는 부담을 덜어 주겠다고 마음먹었다.

그동안 죽어 가는 몸, 죽은 몸을 내게 보여 주고 기꺼이 내 손에 몸을 맡겨 주신 어르신과 그 가족 그리고 앞으로 만나게 될 모든 어르신께 형언할 수 없을 만큼 깊은 고마움을 전한다. 그분들 덕분에 나는 죽음을 막연한 공포가 아니라 나만의 색깔을 띤 삶의 일부로 받아들이고 능동적으로 준비할 수 있게 되었다.

끝으로, 이 글이 세상에 나오는 날 요양원에 계신 어머니 곁에서 직접 읽어 드리려던 내 계획은 또 한발 늦고 말았다.

풀처럼 강인하게 사셨고 자식을 있는 그대로 사랑하는 법을 몸소 보여 주신 어머니, 이 책을 당신께 바칩니다.

참고 자료

11쪽   미국 질병통제예방센터(CDC)의 「MMWR 감시 요약」 시리즈 중 「4세 및 8세 아동에서의 자폐 스펙트럼 장애 유병률과 조기 발견—미국 자폐 및 발달장애 모니터링 네트워크(ADDMM), 16개 지역, 2022」(2025년 4월 17일 발표)
https://m.site.naver.com/1PjQd

11쪽   미국 질병통제예방센터의 공식 ADHD(주의력결핍 과잉행동장애) 자료실
https://m.site.naver.com/1PjQv

11쪽   김붕년 교수 인터뷰, "자폐스펙트럼장애 10년새 2배… 생후 36개월 조기 개입 중요"
https://m.site.naver.com/1PjQF

45쪽   호주의 출생 국가별 거주 인구에 대한 통계
https://m.site.naver.com/1PjQX

138쪽   마이 에이지드 케어에 관하여
https://www.myagedcare.gov.au/types-care

150쪽   빅토리아주 동부 지역의 완화치료 서비스 센터
https://www.epc.asn.au

152쪽   뉴사우스웨일스주의 자발적 조력 존엄사에 관하여
https://www.health.nsw.gov.au에서 voluntary assisted dying 검색

165쪽   남호주 자폐부
https://www.officeforautism.sa.gov.au

223쪽   호주 노령연금(Age Pension)에 관한 정보
https://m.site.naver.com/1PjR9

229쪽   호주 통계청이 발표한 「장애, 고령화, 보호자(carers)를 중심으로 한 호주 내 현황 요약 보고」
https://m.site.naver.com/1PjRq

247쪽   멜버른에 있는 장애와 비장애 어린이들을 위한 통합 놀이터 위치
https://www.acd.org.au/melbourne-playgrounds/

271쪽   호주의 장애인 탈의실 위치를 알려 주는 웹사이트
changingplaces.org.au/find

해제

노동과 복지, 장애와 돌봄을 다시 묻다

이 책은 호주에서 장애인 지원사와 요양보호사로 일하며 현장에서 쌓은 경험을 진솔하게 담아 낸 에세이다. 저자가 한국과 호주에서 겪은 이야기는 이론이나 통계로는 얻을 수 없는 깊은 통찰을 전하며, 장애인부터 고령자까지 아우르는 돌봄 경험과 진심이 담긴 글은 사회복지 현장을 생생하게 드러낸다.

처음 책을 펼쳤을 때, 나는 장애인 연구자이자 경제학자로서 객관적이고 비판적인 시각을 유지하려 했다. 하지만 저자의 경험과 분석은 내가 호주와 한국에서 연구하고 생활하며 체감한 현실과 놀라울 만큼 일치했고, "맞아, 내 생각과 똑

같아" 하고 연신 공감하게 했다. 이는 장애 분야에 대한 내 시각을 보다 적극적이고 긍정적인 방향으로 이끌기도 했다. 나는 경제학의 관점으로 사회복지의 효율성과 지속 가능성을 연구하지만, 현장 감각 없이는 사회적 진실을 제대로 이해하지 못한다는 사실을 이 책을 읽으며 다시금 깨달았다.

호주는 노동과 복지에 대해 독특한 태도를 갖고 있다. 저자는 육체노동에 대한 존중이 임금으로 보상되는 현실을 소개한다. 노동을 존중하기 때문에 임금이 높은지, 임금이 높아서 노동을 존중하는지는 알 수 없다. 하지만 노동 자체를 소중히 여기고 금전적·심리적으로 충분히 보상하는 문화가 자리 잡고 있다는 점은 분명하다. 경제적·심리적 여유는 장애인과 노약자에 대한 이해와 공감으로 이어지고, 그 결과 호주 사회가 한국 사회보다 약자에게 훨씬 포용적이고 배려심 깊은 사회로 자리매김하게 된 것이다.

반면 한국은 강자가 사회 시스템을 독점하는 경향이 강해 약자에 대한 이해와 공감이 부족하고, 이러한 구조적 한계가 잦은 사회 갈등을 일으킨다. 저자 역시 건강이 좋지 못하지만, 호주에서는 이 약점이 오히려 특정 직업에서 장점으로 작용하는 경험을 했다. 이는 호주의 사회적 안전망과 포용 정책, 그리고 노동을 존중하는 문화가 건강이 약한 사람 및 사회적 약자에게 기회의 문을 열어 주고 있음을 잘 보여 준다.

저자가 소개하는 호주의 고용 형태—정규직, 파트타임 정규직, 비정규직—는 한국과 본질적으로 다르다. 특히 고용 안정성이 낮지만 높은 시급을 받는 비정규직은 아이 돌봄이나 가족 간병 등으로 장기 근무가 어려운 이들에게 적합한 선택지로 기능한다. 파트타임 정규직의 경우, 유급 휴가와 병가가 보장되고 근무 시간과 일수 조정이 가능해, 직원 개인의 삶의 균형을 유지하는 데 유리하다.

2025년 7월 1일부터 호주의 전국 최저임금이 시간당 24.95호주달러, 주 38시간 기준 948호주달러로 3.5퍼센트 인상되었다. 호주는 임금을 주 단위 혹은 격주 단위로 지급하기 때문에 노동자들이 경제적 안정감을 누릴 수 있다. 이러한 규칙적이고 정기적인 소득은 노동에 대한 긍정적 태도를 형성하고 삶에 소소한 즐거움까지 선사하며, 노동자의 사회적 존엄성 회복에도 기여한다.

호주의 노인 빈곤율은 2020년 기준 22.6퍼센트로, 한국의 40.4퍼센트에 비해 절반 수준이다. 이러한 노후 안정성은 복지 정책과 사회 문화적 태도가 만들어낸 결과이며, 그래서 노후에 대한 사회적 두려움이 낮은 편이다.

본문에도 나오는 초등교사의 결근 문제는 내 아이가 학

교에서 직접 겪은 일이기도 하다. 호주에서는 많은 교사가 파트타임 정규직으로 일한다. 교사들의 결근이 잦아도 학교가 대체 교사를 투입해 수업은 정상적으로 운영된다. 담임교사가 해외여행을 떠날 경우에도 학교는 아이들에게 이를 명확하게 알린다. 아이들은 다른 교사와 접촉하며 교육적 다양성을 경험하고, 때로는 새로운 선생님이 오는 것을 즐기면서 자연스럽게 환경에 적응한다. 교사들이 건강과 휴식을 법적으로 보장받으며 쉴 권리를 누리는 시스템과 문화는 사회 전반의 안정성을 높이는 중요한 기반이 된다. 정규직, 비정규직, 파트타임 정규직이 서로 긴장 없이 조화롭게 공존하는 모습은 우리 사회가 제도 개혁을 추진할 때 주목해서 볼 부분이다.

호주 역시 날로 증가하는 보건 재정을 해결하기 위해 다양한 제도를 도입해 왔다. 그 대표적인 예가 2000년에 시행된 호주의 '생애건강보험(Lifetime Health Cover, LHC)' 제도다. 이 제도는 31세 이전에 민간 건강보험에 가입하지 않으면, 이후 가입 시 나이와 가입 지연 기간에 비례해 일정 비율의 보험료가 할증된다. 최대 70퍼센트까지 보험료가 오를 수 있다. 이렇듯 건강한 젊은 세대가 노인 의료 비용을 분담하는 구조 덕분에 호주 노년층은 비교적 안정된 노후를 보장받는다. 하지만 젊은 세대에게 경제적 부담이 가중된다는 비판과 함께 공정성 논란이 있어, 이에 대한 연구도 활발히 진행되고 있다.

저자가 특히 애정을 보이는 호주의 국가장애보험제도(NDIS)는 영구적 장애가 있는 이들이 스스로 선택한 서비스와 지원을 통해 건강을 증진하고 역량을 강화하여 사회의 동등한 일원으로 참여할 수 있도록 하는 것을 목적으로 한다. 2013년 시범 도입을 거쳐 2020년 전면 시행에 이른 NDIS는 호주 복지 정책사에서 가장 획기적인 제도 개혁으로 평가된다. 이전까지는 주별로 상이한 복지 체계와 제한적인 예산 범위 안에서 장애인 지원이 이루어졌는데, 이는 지역별 격차와 서비스 불균형을 심화하는 문제를 낳았다. 이러한 한계를 극복하기 위해 연방 차원의 통합적 보험 시스템을 구축한 것이 바로 NDIS다. 제도의 핵심 철학은 "장애인은 시혜의 대상이 아니라 권리의 주체"라는 선언에 있다. 단순한 돌봄이나 보조가 아니라, 장애인이 사회 구성원으로서 자율적으로 삶을 설계하고 선택할 수 있도록 '개별 맞춤형 지원'을 제공한다는 점에서 선진적이다.

NDIS 참여자 중 자폐 스펙트럼 장애(ASD) 아동 비율이 약 30퍼센트에 달하며, 특히 0~14세 아동 집단에서 특히 높다. 호주국립대 마투마이 란잔(Maathumai Ranjan) 박사의 연구에 따르면, 호주의 ASD 유병률은 세계 최고 수준이며 빠른 증가세를 보인다. 하지만 이는 실제 발병률이 상승해서라기보다 제도적 지원이 증가하자 진단 건수가 급증한 결과로 해석할 수 있다. 이 때문에 예산 부담과 정책적 난제도 발생한다.

호주의 장애 복지 제도는 한국보다 분명 우수하다. 물론 완전무결하지는 않다. 하지만 호주는 이런 문제를 인식하고 관련 데이터를 철저히 수집·연구하며, 정책과 사업 운영을 엄격히 관리·감독하면서 지속적으로 개선해 가고 있다.

더욱 중요한 것은 사회적 인식의 차이다. NDIS 도입 당시 호주 총리가 "우리 누구든 그중 한 명이 될 수 있다(Any one of us could be among that number)"라고 하며, "모든 호주인은 중요하다(The Every Australian Counts)"라는 캠페인을 펼친 사례에서 알 수 있듯이, 호주는 장애인에 대한 사회적 공감대가 높아 재정 부담이 큰 정책도 사회적 합의로 이끌어 낸다.

반면 한국 사회는 장애를 타인의 문제로 치부하는 경향이 강하고, 장애인 권리 운동을 바라보는 시선도 부정적인 경우가 많아 사회적 합의를 이루기가 쉽지 않다. 한국 정부는 2023년 4개 지역에서 '개인예산제'의 모의 적용을 시작했고,

2024~2025년에는 8개 지역에서 시범 사업을 거쳐, 2026년 본격 도입을 목표로 하고 있다. 개인예산제는 장애인이 스스로의 욕구와 상황에 맞게 예산 범위 안에서 물품과 서비스를 자유롭게 선택하도록 하여, 자기결정권과 동등한 삶의 권리를 보장하려는 제도다. 하지만 이 제도가 성공적으로 뿌리내리려면 정책 설계만으로는 부족하며, 사회 전반의 인식이 달라지고 문화적 성숙이 뒷받침되어야 한다. 장애인에 대한 인식이 개선되지 않는 한 효율적인 제도 실행은 어려울 것이다. 이는 정부 부처는 물론 시민사회 전체가 함께 풀어야 할 과제다.

저자가 신경다양인 교육권에 대해 이야기한 부분도 생각해볼 거리를 제공한다. 이 책은 자폐나 ADHD처럼 겉으로 두드러지지 않는 온순한 장애를 가진 아동들은 공식 진단과 지원이 늦어져 학교 생활과 사회적 적응에 어려움을 겪기 쉽다는 점을 명확하게 짚어낸다. 장애와 다양성에 대한 사회 전반의 이해와 문화가 보편화되어야만 이러한 아이들을 조기에 발견하고 지원할 수 있으며, 이 점에서 호주가 한국보다 진일보한 시스템과 인식을 갖추고 있다고 평가한다.

한국에서 맞춤형 개인예산제를 제대로 정착시키려면 다양한 장애 유형의 특성을 이해하는 전문 인력과 서비스 인프라가 뒷받침되어야 한다. 실제로 호주에서도 NDIS 도입 초기에 장애인 지원 전문 인력 부족이 NDIS 지원금 사용률을 낮추었다고 보는 연구도 있다. 신경다양성에 대한 진정한 수용과 포용이 교육 현장을 넘어 사회와 정책 전반에 걸쳐 반드시 전제되어야 함을 저자는 분명히 일깨운다.

이 책은 멜버른의 한 케어러의 삶을 통해 한국과 호주 두 사회가 마주한 돌봄 문제를 통합적으로 성찰할 기회를 제공한다. 장애, 고령화, 저출산, 노동 가치, 사회 안정성 같은 현대 한국 사회의 핵심 과제에 대해 우리 스스로 질문을 던지게도 만든다. 돌봄이나 장애 이슈를 넘어 공동체의 미래를 고민하는 모든 이들에게 필독서로 강력히 추천한다.

홍나리●

● 서울대학교 경제학부를 졸업하고 영국 런던정경대학교(London School of Economics and Political Science)에서 글로벌 역사학 석사학위를, 호주 뉴사우스웨일스대학교(University of New South Wales)에서 경제학 박사학위를 받았다. 이후 호주 모내시대학교(Monash University)와 서울대학교에서 박사후연구원으로 지냈으며, 현재는 뉴사우스웨일스대학교 경제학과 방문연구원으로 있다. 주요 관심 분야는 보건 및 노동경제, 응용계량, 조세 및 이전 정책이며, 최근에는 장애인 정책, 노동시장 참여, 건강(통증) 문제를 집중적으로 연구하고 있다. 논문으로 「호주의 국가장애보험제도(National Disability Insurance Scheme)에 관한 연구: 최근 성과 및 만족도를 중심으로」 등이 있다.

나는 멜버른의 케어러
이민, 장애, 나이듦, 그리고 돌봄의 세계에서 내가 배운 것

초판 1쇄 발행 2025년 9월 15일

지은이	루아나
교정	김정민
일러스트	이윤희
디자인	studioCoCo
펴낸이	박숙희
펴낸곳	메멘토
신고	2012년 2월 8일 제25100-2012-32호
주소	서울시 은평구 연서로26길 9-3(대조동) 301호
전화	070-8256-1543
팩스	0505-330-1543
전자우편	memento@mementopub.kr

ⓒ루아나
ISBN 979-11-92099-51-4 (03330)

- 이 책은 저작권법에 따라 보호받는 저작물이므로 무단전재와 복제를 금합니다.
- 잘못된 책은 구입하신 서점에서 바꿔 드립니다.
- 책값은 뒤표지에 있습니다.